Артём Перлик

ПАТРИСТИЧЕСКАЯ ФИЛОЛОГИЯ

ORTHODOX LOGOS PUBLISHING

ПАТРИСТИЧЕСКАЯ ФИЛОЛОГИЯ

Артём Перлик

© 2024, Orthodox Logos Publishing, The Netherlands

www.orthodoxlogos.com

ISBN: 978-1-80484-167-9

This book is in copyright. No part of this publication may be reproduced, stored in a retrieval system or transmitted in any form or by any means without the prior permission in writing of the publisher, nor be otherwise circulated in any form of binding or cover other than that in which it is published without a similar condition, including this condition, being imposed on the subsequent purchaser.

АРТЁМ ПЕРЛИК

ПАТРИСТИЧЕСКАЯ ФИЛОЛОГИЯ

ORTHODOX LOGOS PUBLISHING

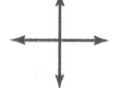

СОДЕРЖАНИЕ

Вступление 9

ОНТОЛОГИЯ ТВОРЧЕСТВА

КУЛЬТУРА И ТВОРЧЕСТВО В ПОНИМАНИИ ОТЦОВ . . . 12

Древние Святые отцы о пользе искусства. . . 13
Творчество и святые отцы 23
Кто из святых обходился без культуры 25
О «Согласии отцов» в литературе 26
Мысли Варсонофия Оптинского 30
Фрагмент из Библии о значении творчества . . 31
Святой Иоанн Кронштадтский и творчество . . 36
Искусство и богословие 38
Современные примеры
отношения подвижников к творчеству 39
Слава Господня 54

О ПОЭЗИИ И О РАЕ 56

О стихе 59
Небесная поэзия 60
День языка 60
Миф и поэзия 62
Читающие 63
Книга, мир и читатель 64

О катарсисе 67
Культура и её боязнь 68
Господь в жизни писателя 70
Поверхностное чтение и глубина 73
О великом свойстве великих книг 74
Разделённость и целостность
человеческой жизни и творчества . . . 74
Предел зрения 76
Существуют ли национальные литературы? . . . 76
Сказка как новое зрение 77
О писателях и о Духе 78
Писатель и богословие 80
Сказка и доверие 80
Глубины литературы 81
Поэт, чувства, традиция 83
Популярность скверных стихов 84
Классик 85
Эмиграция и литература 86
Размышления о поэзии и прозе 86
Мысли мудрых читателей о литературе . . . 89
О соотношении пользы и творчества . . . 91
Роли литературы 92
О чистой мудрости древних сказаний . . . 93
Творчество прозрений и творчество развлечения . . 94
Нужен ли Шекспир для спасения? . . . 98
Можно ли «перерасти» культуру? 99
Писатели и порок 99

В какой книге всё есть? ... 100
К кому сойдёт Дух Святой ... 101
Культура и прогресс ... 101
Источник культуры ... 102
Творчество, чистота, красота ... 102

ЧУДО СКАЗКИ

СКАЗКИ ... 106
Внутренняя сила сказки ... 106
Промысел ... 109
Сказка и искушения ... 109
Радость жизни и радость сказки ... 111
Детство и сказка ... 113
Как пишут сказки ... 114
Друг героя ... 116
Место действия ... 118
Бегство или возвращение ... 119
Защита и избавление ... 120
Преодоление страха ... 121
Обновлённый взгляд ... 122
Сказка, сребролюбие и вознаграждение ... 124
Мир и мораль сказки ... 125
О заботе ... 128
О высоте в сказке ... 129
Исцеляющая сила сказки ... 130
Мудрость сказки ... 135
О сказке и литургии ... 137

Сказка и доверие Богу 142
Зачем нам сказка? 143
Сказка как явление мира 143

СКАЗОЧНИКИ 146
Андерсен 146
Джеймс Барри 161
Сельма Лагерлёф 164
Редьярд Киплинг 166
Евгений Шварц 168
Кеннет Грэм 169
Туве Янсон 176
Астрид Линдгрен 179
Аллан А. Милн 184
Вильгельм Гауф 190
Отфрид Пройслер 192
Клайв Льюис 193
Джон Толкин 202

ЗАКЛЮЧЕНИЕ 223

КОНЕЦ 224

ВСТУПЛЕНИЕ

Патристическая филология – книга, в которой излагается, созданное мною на основании древнего и нового святоотеческого наследия, богословие человеческого творчества, его целостности и многообразии. Творческая способность есть одно из фундаментальных свойств образа Божьего в человеке, одна из граней его богоподобия, возможность умножения божественного пространства, причастного истине и вечности, сохраняемого Господом как незыблемое сокровище Небесного Иерусалима.

Первая часть книги «Онтология творчества», рассматривает именно это богословие, основанное на мысли святых отцов и подвижников православия. Вторая часть «Чудо сказки», касается непосредственно богословского осмысления жанра авторской сказки, способного нести в себе глубочайшие смыслы о жизни и Боге, раскрывая их в своей неповторимой форме. (Человеческое творчество в этой книге понимаемо широко, как всякий вид человеческой деятельности, направленный на умножение красоты и добра). Из всего многообразия литературных жанров и направлений творчества, мною взяты к рассмотрению именно авторские сказки, как произведения способные с особенной полнотой передавать идею «пронизанности» мироздания Богом, мысль о сказочности нашего мира, которую Андерсен выражал словами: «Лучшей сказки чем жизнь не существует». Благодать превращает в чудо даже чашку чая, выпитую нами в кафе, а сказка на глубочайшем уровне передаёт это особое ощущение мира как Божьей сказки.

Когда я ещё не был женат, мы часто гуляли по улицам с моей будущей супругой, и когда я отправлялся домой с автобусной остановки, она становилась за колонной и смотрела как я уезжаю, хотя я и не знал, что она наблюдает за мной. Эту книгу я посвящаю ей, так как без того, чтоб она всегда «стояла за колонной» всех моих трудов, эта книга не могла бы быть создана так, как она появилась в мире.

ОНТОЛОГИЯ ТВОРЧЕСТВА

КУЛЬТУРА И ТВОРЧЕСТВО В ПОНИМАНИИ ОТЦОВ

Культура – это исполнение заповеди Господней «возделывать и хранить рай», то есть умножать свет в себе и в окружающем мире, создавая ту красоту, которой ещё не существовало, но которая приходит в мир благодаря сотворчеству Бога и человека. Потому она – не нечто внешнее, не забавный довесок к падшему человечеству, но раскрытие образа Божьего в нас и исполнение заповеди Господней. Иоанн Дамаскин называет признаками богоподобия *«достоинство ума и души, неуловимое, невидимое, бессмертное, свободное, господственное, производящее и творческое». Заповедь о возделывании и хранении рая в данном случае (как и вообще в случае с заповедями), нужно понимать как откровение Божие о назначении человека в бытии, о сути его призвания в жизнь, как малого творца, который наполняет созданную им красоту светом Господним.*

Потому *«Отцы и учители Церкви подчёркивали изначальное божественное происхождение культуры»*, – излагается в Социальной концепции РПЦ.

Человек, создающий новое делится с другими, прежде всего, опытом благодати, опытом ликования о бытии и опытом Бога. Это верно и в отношении нецерковных, но настоящих авторов. Потому что побудить к творчеству, вдохновить может один только Бог. Само вдохновение, по Григорию Паламе, есть одна из энергий Божественных, то есть Бог вдохновляет человека Самим Собой. Именно опытом благодати, благодатной мудрости и красоты, в конечном итоге, делится автор, даже если он совсем далёк от богословского объяснения своей работы.

Климент Александрийский так говорит о культуре: *«Писание общим именем мудрости называет вообще все мирские науки и искусства, все, до чего ум человеческий мог дойти... ибо всякое искусство и всякое знание происходит от Бога».*

Само желание автора дарить и давать, умножать свет и нести красоту говорят, в данном случае, о божественном происхождении людских даров, боговажном предназначении их, когда человек раскрывает себя по образу Своего Бога как тот, кто несёт в бытие свет и добро.

Древние Святые отцы о пользе искусства.

Апостол Павел. Тот факт, что апостол четыре раза цитирует в посланиях античных писателей, говорит о том, что высокая литература способна предельно выражать глубины людской души, что вообще свойственно тому, чего касается Дух.

В некоторых случаях апостол наделяет античные строки тем христианским содержанием, которое ускользало и от самих авторов, но всё же, было сказано через них, как-то и бывает через прикосновение Духа.

Факт цитирования античных авторов апостолом так же говорит о том, что светлая церковная традиция с самого начала вбирала всякую мысль, которая, по сути, была христианской, хотя выразил её и не христианин. Так апостол, и вслед за ним живущие Духом, умели отличать в мировом культурном наследии те явления культуры и строки, которые рождались от прикосновения Духа, в полноте знакомого только христианам.

Ириней Лионский говорит о том, что искусство посредник между Богом и людьми, оно понятливее выражает нам высокие вещи.

То есть, оно и указует на эту высоту через образ и являет её саму в себе через живущую в подлинном творчестве благодать, когда Сам Дух наставляет человека и ведёт его к катарсису.

Климент Александрийский. Искусство влияет на душу человека, и в хорошем смысле тоже.

Это важно, потому что отцы первого века нередко негативно отзываются об искусстве античности, имея ввиду, впрочем, тот факт, что античное искусство ещё не преображено. Они же допускали, что, если искусство преобразится в духе, то оно будет целебно и значительно.

Василий Великий призывает в своей проповеди живописцев написать жизнь мученика, говоря, что это будет понятнее его слов.

В этом поразительное открытие святого, который видит, что искусство зримо являет духовную красоту и Бога, вне морали и поучений, а просто открывая, что есть свет истины, и красота, и добро.

Истинность слова всегда связана с истинностью жизни. И великий и малый писатель подлинны в том, в чём их сердце уже живёт истиной Духа. Ни начитанность, ни красноречие не могут заменить благодати. Но посмотрите на древних философов и средневековых китайских поэтов или ещё на кого угодно, и вы увидите, что благодать творческого постижения открывается автору там и в тех строках, где его сердце живёт созвучно благодати, где оно выстрадало и выносило некую истину Духа.

Святые поэты Амвросий Миланский, Колумба Шотландский, Кедмон Уитбийский, Илья Чавчавадзе, Григорий Богослов. Есть и святые, которые в том числе писали стихи: Симеон Новый Богослов, Иоанн Румын Новый

Хозевит, Григорий Перадзе, Серафим Вырицкий, Варсонофий Оптинский.

Святой Василий Великий говорит в «Шестодневе», что всякая красота мира и всё лучшее в нём имеет только один источник – Бога. Потому всё лучшее и красивое, принадлежа Богу, даруется Им христианам. И это в полной мере касается всей красоты, которая рождена вне церкви – красота может быть вдохновлена только Духом, а потому она есть дар Господень этому миру, плод сотворчества Бога и человека, в данном случае неведомый нецерковным авторам, но оттого не менее реальный.

Потому Василий считал, что сочинения язычников приносят христианам и вообще всем людям огромную пользу. «Через посредство философии и литературы, скульптурных изображений и мозаичных картин античности человек, по мнению святителя, также может в значительной мере приблизиться к истине христианства. Как срывая розу, мы способны избежать её шипов, так читая труды Гомера или Платона, мы можем, оставив в стороне все чуждое православному мировосприятию, найти в них много поистине высоких и великих мыслей, чистых нравственных идеалов». Так пишет Пётр Малков.

Василий Великий рассматривает мудрость и красоту античной литературы и философии в одном конкретном аспекте – в свете её важности для постижения через неё премудрости Господней, и следовательно – помощи литературы и философии в обретении спасения.

«Нам предлежит подвиг важнейший всех подвигов подвиг, для которого всё должно сделать, для приготовления к которому надобно трудиться по мере сил, беседовать и с стихотворцами, и с историками, и с ораторами, и со всяким человеком, от которого может быть какая-либо польза к попечению души».

В этом поучении Василий видит пастырскую необходимость помочь своим слушателям в обретении рая, потому и его слова касаются именно этого аспекта значения литературы и философии – обретать там мысли созвучные истине и учащие более полно видеть истину в Писании, так как читатель уже будет подготовлен к восприятию красоты и мудрости Писания. И, действительно, человеку знакомому с Платоном и Шекспиром легче объяснить, в чём величие и красота христианства.

Итак, по Василию литература и философия служат конечной цели спасения, образуя души читателей в добре и к добру.

«Не убегайте от людей, которые рассуждают право», – говорит Василий, обращаясь к тем, кто избегает красот античной мудрости и литературы, и сравнивает их с теми, кто избегает лекарства настоящести, хотя сам болен тяжелейшей болезнью неподлинности.

Другая важная мысль Василия заключается в том, что всякое дело человека на земле есть искусство и творчество. *«Домостроительства, плотничества, кузнечества, ткачества и сим подобные»*. Поэтому всё зависит от того, смотрит ли творящий человек на Бога в момент творения, хочет ли он добра другим, ибо только такой вектор направляет творчество к небу.

У святого Максима Исповедника есть мысль, продолжающая линию рассуждения Иустина Философа. Дух Святой, как Поддерживающий жизнь, действует в каждом человеке, как призывающий к добру и истине (что называется призывающей благодатью) – тоже в каждом, как открывающий тайны бытия только в тех христианах, которые живут по Духу. Другими словами, это творчество, так как способность видеть суть целиком связана с умножением красоты. Хотя и тут действие Духа таинственным образом связано с тайным откликом человека и готовностью последовать за Духом и истиной.

Блаженный Иероним Стридонский, знаток и ценитель античной словесности, так говорит в защиту красоту людской мысли и против ревнителей не по разуму: *«За что терзают меня враги мои и против молчащего хрюкают эти жирные свиньи? Ведь для них вся наука, больше того, – вершина всякой мудрости состоит в том, чтобы поносить чужое и доказывать неверие древних даже до потери собственной веры. Моё же правило: читать древних, одобрять некоторых, усваивать, что хорошо в них, и не отступать от церкви кафолической».*

Иоанн Златоуст пишет о том, как люди делали изображения епископа Мелетия для своего утешения.

Тут святой отец открывает для нас ещё одну важную грань творчества – утешительную. Ибо оно несёт в себе весть о грядущей победе добра и в бытии в целом, и в каждой конкретной истории доброго человека.

Григорий Нисский не мог без слез проходить мимо изображения Авраама приносящего в жертву Исаака.

Этот случай говорит, что слёзы, вызванные подлинным творчеством, есть благодатные слёзы, которые рождаются в человеке только тогда, когда душа его прямо прикоснулась к раю. Так, подспудно, святой Григорий Нисский открывает, что ещё один из смыслов искусства – явить рай, смысл, истину, дать возможность прикоснуться к Духу.

Григорий Богослов рассказывает, как женщина, идущая на свидание с юношей, увидела изображение мученика и поняла, что не нужно делать грех и возвратилась.

Тут святой раскрывает ещё одно свойство искусства – возводить души к добру не через унылую мораль, но являя красоту как достижимый для зрителя идеал, и, одновременно, как высшую цель его жизни – постоянного восхождения в благодати и умножения своим трудом красоты и света.

О Григории Богослове так же вспоминают, что он цитировал в письмах античных авторов не реже писания. И он же защищает тех, кто любит красоту античной мысли, утверждая, что она принадлежит не язычеству, а языку.

Об одном авторе он пишет: *«Хвалю сказавшего это, хотя он и не наш»*. То есть, всякая вообще красота, всякий отблеск истины всегда принадлежат христианству.

Большая часть стихов написанных святым Григорием датируется последними годами его жизни, то есть, вовсе не относится к юношеским забавам. Темы стихов не только богословские, но и автобиографические или на смерть друзей. Впрочем, подлинный поэт не просто описывает какую-то тему, но выражает некие важные аспекты сути и духовных законов, которые действуют в том, о чём он говорит. Поэт прозревает мир до этих самых духовных законов. Григорий был поэтом и выражал своё ощущение истины через стихи, как и вообще через свои писания. Он же старался осмыслить стихи с литературоведческой точки зрения.

В своём небольшом произведении «О стихах своих» Григорий напоминает противникам искусства и стихосложения тот факт, что Давид, *играя на лире и распевая песни, отгонял этим злого духа подступавшего к душе царя Саула. То есть, благодать, звучащая в подлинном искусстве сильна отгонять тьму от людей и дарить им жажду перемены.* Далее Григорий сравнивает стихосложение с колесницей для доброты, которая быстрее всего способна доставить добро душе. Искусство дарит слушателю наслаждение красоты и «люди чрез благопристойное наслаждение приводятся в общение с Богом».

Далее, обращаясь к противникам стихов, святой говорит: *«Что может быть полезнее этого (общения с Богом через искусство)? И ты, ревнитель строгости, нахмуривающий брови и самоуглубляющийся в себя, разве не подкладываешь сладостей в кушанье? За что же охуждаешь мою речь, дела ближнего измеряя своей мерой? Не сходятся между собой пределы мидян и фригиян; не одинаков полет у галок и орлов».*

То есть, по Григорию, подлинное искусство даёт душе касаться Бога и общаться с Ним. При этом святой явно осознаёт, что его собственные стихи ведут людей к той же цели, потому что они настоящие. Он чувствует дуновение Духа в своих стихах, и, при личном смирении, готов перед всяким доказать настоящесть и пронизанность Духом того, что он пишет. Всего святой написал около 500 стихов, обращаясь к поэзии в пору наивысшей писательской и духовной зрелости.

Красота бытия для святого была красотой Господней, сияющей во всём, что есть в мире доброго и прекрасного. Он пишет: *«Троица, и неясные тени Которой приводят меня в восторг».* Свет всегда есть свет Господень, но мы придаём ему новые формы сообразно своей неповторимости.

О чем бы ни писал Григорий: жалуется ли он на завистников, сетует ли на переживаемую боль, вспоминает былое или изрекает мудрость – он всё оценивает Богом и высотой, даже когда прямо не говорит о вере. Вера для него есть образ познания и осмысления, который даёт цельность взгляда, на что бы он ни смотрел.

«В дар Слову принести и слова» – вот отношение Григория к дару умножать красоту словом.

Христианин по Григорию, не может быть необразованным и отрицающим значение культуры, в красоте которой он видит красоту, поддерживаемую благодатью Господней, хотя это часто и неявно для самих творцов красоты. А, поскольку источник красоты – только Бог, то и вся языческая мудрость, согласно Григорию, принадлежит христианству, которое одно способно оценить её по достоинству и в контексте сотворённого Троицей мира.

Бог даёт людям благодать, которой те умножают красоту, каждый по мере и образу своих талантов. Потому все красоты и ценности мировой культуры, как мыслит Григорий, пронизаны Богом и принадлежат Ему, и лишь Он вдохновляет творческих людей творить.

В богословии Григория Паламы (как пишет Иоанн Меендорф), человек *«осуществляя своё личное спасение, увлекает за собой все свои взаимоотношения, все личные атрибуты, всё, что связано с ним… таланты, творения рук своих и так далее… Можно думать, что Моцарт будет спасён вместе со своей музыкой»*, потому что то, чего коснулся Дух, умереть не может.

Конкретные проявления культуры и людских дел спасаются лишь через причастие благодати, которое сообщает им приобщённый благодати человек.

И здесь, думая об этом, мы должны помнить, что «Дух дышит где хочет», или, по слову Антония Сурожского: «Дух разлит везде, даже там, где о Нём не знают».

В контексте богословия Григория Паламы, мы наиболее полно понимаем формулу Иустина Философа «Всё, что добро — всё наше». Наше — потому, что это добро (часто тайно от человека) живит тот же Дух, что живёт в христианстве.

Истинное творчество даже у язычников никогда не направлено на служение своему «я», но, на радость, того и тех, кто нам дорог.

Подлинное творчество — всегда есть служение Богу, даже если Он неведом автору. Тогда Сам Дух, касаясь творения, удостоверяет живущих по Духу людей, что сделанное автором дело хорошо, то есть — благодатно, причастно вечности. «По плодам их узнаете их» — говорит Христос.

Григорий Палама указывает, что отделить в языческом произведении хорошее от плохого, может всё же лишь тот, кто имеет, пусть небольшое, но опытное представление о Духе Святом.

Ибо чувство Духа – и есть наш критерий узнавания истины в тех словах, которых коснулся тот же Дух, что добрые ощущают и в себе тоже.

Блаженный Августин. Он уверовал, прочитав Цицерона, а пришёл в церковь прочитав Платона и Плотина. И так бывает всегда, если человек тянется к добру, если он ищет истину, чтоб послужить ей, то Господь обязательно укажет ему источник всей красоты – Себя. Именно в этом ключе следует понимать слова блаженного Августина. Известно, что о Платоне Августин говорил как о философе, наиболее полно подошедшем к истинам христианства. В той же традиции рассуждает и святой Иоанн Дамаскин, говоря: *«И прежде всего я предложу то, что есть самого лучшего у эллинских мудрецов, зная, что если есть что-либо благое у них, то оно даровано людям свыше от Бога»*.

Все подлинно творящие красоту, в том, в чём касаются благодати, являют не новую истину, но всё то же христианство, которое в них рождается от ощущения ими истины Духа Святого, и это ощущение уже они облекают в слова и форму.

Потому, по Иустину Философу, античная философия, в своих лучших образцах, подтверждает, что истину невозможно ощутить иначе, чем христианской, в независимости оттого, понимает это писатель или нет.

Дмитрий Лапа приводит такой пример из жизни святого Финиана Клонардского: *«Среди совершенных святым Финианом чудес упомянем, пожалуй, самое трогательное и необычное. Бард именем Герман, автор одного красивого духовного гимна, однажды обратился к святому и попросил его помолиться, чтобы его (Германа) поля сделались плодородными. Святой в ответ повелел ему прочесть над водой сочинённый им гимн, а затем окропить ею землю. Герман послушался – и в том же году земля дала богатый урожай».*

Обратим внимание, что в этом удивительном чуде слова, написанного поэтом (бардом) стихи были столь благодатны, что сообщили благодать и воде. Финиан только указал поэту на этот факт. И тут мы открываем для себя ещё одно назначение искусства – нести свет Господень в бытие.

Иустин Философ всякую добрую мысль, всякое созвучие истине рассматривал как христианство, даже если эта мысль сказана и язычником. Потому что невозможно сказать нечто верно и создать некую красоту без Бога, который есть основание всей красоты в нашем мире вообще. Просто не все авторы знают, Кому они обязаны созданной красотой. Даже язычник является носителем образа Господня и его тоже касается Дух. И там, где его сердце было открыто такому прикосновению, язычник скажет христианскую истину, хотя сам и не будет знать об этом. Итак, нет в бытии красоты, которая могла бы прийти в бытие без вдохновляющего воздействия Того, Кто есть основание всяческой красоты и добра.

У древних отцов было такое понятие «христианин до Христа». Иустин Философ его использует и говорит, что «те, кто жили в согласии со Христом, (не зная Его), это христиане до Христа. Таковы между эллинами Сократ, Гераклит и им подобные». Блаженный Августин, развивая эту мысль, говорит, что за оградой Церкви тоже есть овцы. Сам Христос говорит об этом, что Он имеет и иных овец «не двора сего», и их тоже нужно привести, «да будет едино стадо и един пастырь». То есть не всё вне церкви есть тьма. Но свет вне церкви – свет Бога, о

Котором не знают язычники. Тем не менее, именно Бог вдохновляет неверующих гениальных учёных, поэтов, писателей и актёров приносить в мир новую красоту. Вглядитесь в неё, и вы отыщете Бога.

Христианская церковь пошла по пути евангельского преображения мира. Всё лучшее и доброе, все звучащее истиной у язычников христианами не отрицалось, но оно либо наполнялось новым содержанием Духа, либо становилось на нужное место по отношению к целостности осознания бытия.

Всё истинное, что есть у древних творцов, принадлежит христианам.

Иустин говорит: «*Всё, что когда-либо сказано и открыто философами и законодателями, всё это сделано ими соответственно мере нахождения ими и созерцания Слова... Христос, Которого отчасти познал и Сократ... У всех, кажется, есть семена истины, но они не точно вразумили их. Те, которые жили согласно со Словом, суть христиане, хотя бы считались за безбожников: таковы между эллинами – Сократ, Гераклит и им подобные*».

Творчество и святые отцы

Святые отцы, касаясь темы искусства, рассматривали её в связи с благодатью Божией, Его мудростью и волей, приводящими новую красоту.

Святитель Василий Великий в «Гомилии на Шестоднев» пишет: «Для Бога прекрасно то, что совершено по закону искусства и направлено к благоприятному концу».

Святитель Иоанн Златоуст в «Проповеди на книгу Бытия» говорит: «Творцом и художником природы и искусства и всего сущего является воля Божия».

Святой Григория Палама, рассматривая людское вдохновение, понимает его как все те же лучи творческой божественной благодати, преображающей и несущей свет. Всякая новая красота приходит в мир в синергии, сотворчестве Бога и человека. И здесь Бог даёт благодать, а человек находит всё новые формы её выражения, созвучные неповторимости образа Божьего в нём. Без Его благодати автор всегда будет источником без воды. Потому великие и малые авторы красоты понимают, что весь этот свет, заключённый в творении их рук, не их собственного происхождения. Потому и известный композитор, окончив некую часть музыкальной партии, воскликнул: «Это не от меня – это свыше». В конечном итоге Бог – единый источник божественного, но Он щедро делится Своим светом с каждым, чтобы каждый из людей умножал красоту в бытии не иначе как подлинным светом, Богом.

Василий Великий пишет: «Люди по природе вожделевают прекрасного, в собственном же смысле прекрасно... благое, а благ – Бог». То есть в замысле Бога о человеке людская творческая способность вся целиком направлена на умножение красоты Богом, умножение форм благодати, умножение вместилищ Его света, прежде ещё не бывших и не существовавших в мире. Ибо в Боге всякое творение человека обретает цельность и завершённость, и содержит в себе отсылку и дверь к Нему. Таким было наречение Адамом имён животным, где каждое имя было умножением благодатной красоты, которой мог творить человек. Тот же дар умножения красоты имеет и всякий человек вообще, ибо оно, по мысли Максима Исповедника и Иоанна Дамаскина есть часть образа Божьего в нас.

«Бог, создавший естество человеческое, даровал ему бытие, совокупное с волей, и сочетал с этой волей творческую способность осуществлять надлежащее», – говорит Максим Исповедник.

Иоанн Дамаскин называет признаками богоподобия *«достоинство ума и души, неуловимое, невидимое, бес-*

смертное, свободное, господственное, производящее и творческое».

Всякое творение человека, всякое его действие, мысль и слово, находят завершённость в Боге и через Него являются тем светом, которого жаждет по Василию Великому и Феофану Затворнику душа всякого человека, так как «Ты создал нас для Себя и беспокойно мечётся сердце наше, пока не упокоится в Тебе». (Блаженный Августин)

«Бог, создавший естество человеческое, даровал ему бытие, совокупное с волей, и сочетал с этой волей творческую способность осуществлять надлежащее», – пишет Максим Исповедник.

Это надлежащее есть умножать красоту и свет, находя новые, созвучные каждому сердцу в отдельности, формы для благодати. И всё это – по воле Бога, как одно из назначений человека.

Кто из святых обходился без культуры

Без мировой культуры обходились те святые отцы древности, которые перед началом своего подвига, из-за низкого происхождения (или неграмотности), не имели возможности к приобщиться к знаниям. В этом был их недостаток, о котором они не имели понятия и не страдали от него.

Но были древние святые отцы (как правило, из аристократии), которые, прежде подвига, были приобщены культуре, не отказались от неё в подвиге, но оставались людьми культуры, причём культуры глубочайшей. Их молитвенности и аскезе не вредило отличное знание философии, филологии, литературы, естественных наук, но, напротив, они, как Григорий Богослов, считали всё, чего достигли язычники в культуре, достоянием Христа и христианства.

Для них вопрос культуры был ещё и богословским вопросом. А именно: возможностью человека быть со-творцом Бога, соумножителем Его красоты. Это явление святой Григорий Палама назвал «умножением Бога», – это и есть культура. Примечательно, что все такие культурнейшие отцы считаются в церкви не просто святыми, но отцами церкви, создателями её мысли, её богословия, выразителями её учения и тончайшими ценителями всего многообразия мировой культуры. Так было в древности. Теперь же, когда образованность стала повсеместной, отговариваться от понимания культуры тем, что необразованная часть святых древности её не знала – странно, тем более на фоне той высочайшей богословской оценки, которую мировой культуре дали отцы церкви, такие как Григорий Богослов, Василий Великий, Григорий Нисский, Иоанн Дамаскин, Иустин Философ, да и сам апостол Павел, человек невероятной образованности, нередко цитирующий изречения языческих мудрецов и поэтов в своих Посланиях.

О «Согласии отцов» в литературе

Святой Нектарий Оптинский даёт важный совет для оценки творчества того или иного автора. Он говорит: *«Вот Мильтон писал страшные вещи и, можно сказать, даже ужасные, а все вместе хорошо. Всегда надо творчество брать в целом»*.

То есть, как в жизни всякого человека бывает грех, так и в творчестве, и в мысли всегда есть какие-то уклонения, где даже великий писатель, философ, расслышал истину неверно или искажённо. Потому важно к наследию писателя подходить с тем же принципом патристического «Согласия отцов» – то, что согласно с истиной Духа, принимать, а другое отбрасывать. Но оценка автора должна быть при этом целостной, а не на основании двух-трёх его заблуждений, если помимо них у него целые пласты христианской красоты и мудрости, даже если сам автор и не знал, что мудрость, принесённая им в мир – на самом деле есть христианство.

У Макария Великого есть следующая мысль о людях живущих в мире: *«Видимый мир, от царей до нищих, весь в смятении, в нестроении... Были праздные мудрецы... иные были грамматиками и стихотворцами... художники, упражнявшиеся в мирских искусствах... И все сии, обладаемые поселившемся внутри их змием и не сознавая живущего в них греха, делались пленниками и рабами лукавой силы и никакой не получили пользы от своего знания и искусства».*

Эту мысль ни в коем случае нельзя понимать как отрицание искусства святым отцом, так как здесь речь идёт не об искусстве, но о том, что живущие по закону страсти не могут быть счастливы даже в том образе жизни, которым им соприродно умножать красоту. Так, говорит здесь Макарий, и царь, и поэт равно страдают и идут дорогой смерти, когда они не идут к свету Господню.

Слова *«никакой не получили пользы от своего знания и искусства»* означают, что правильное отношение к искусству и знанию приносит колоссальную пользу. Какую же именно? Чтобы ответить на этот вопрос необходимо обратиться к богословию Григория Паламы и Иоанна Дамаскина, для которых творчество было не чем-то внешним по отношению к христианству, не нелепым довеском присущим только для «мира сего», но раскрытием важной грани образа Божьего в человеке, а именно – творческой. Человек по природе творец, который пришёл в мир, чтобы умножать красоту в себе и вовне, и вне этого умножения он всегда оказывается неполон, ущербен и не таков, как та красота, которую задумал о человеке Господь. Потому умножение красоты всегда было присуще человеку, от начала его появления в мире, и Господь даёт заповедь возделывать рай Адаму до грехопадения, показывая тем самым что человек и в раю должен постоянно умножать красоту, восходя от благодати к благодати, и тем самым наполняя светом всякое творение своих рук, сердца, мысли.

Впрочем, уже безотносительно к мысли святого Макария, нужно заметить, что в определённой части монашеской среды всегда существовало некое оригенистичеки-платоническое гнушение миром и творчеством (в противовес идеальному и духовному миру), неумение видеть мир как пасхальное место особого присутствия Божия, а жизнь как возможность данную нам в постоянном восхождении к Богу преображаться и преображать. Но этот унылый и подозрительный взгляд на мир и творчество всегда был вывихом сознания именно тех людей, кто ему поддавался, а вовсе не учением церкви. Конечно, бывало и так, что и некоторые (редкие) святые отцы (обычно монахи) поддавались такому гнушению творчеством. Так, в древнем Отечнике описан некий старец, который сокрушался по поводу появления в церкви творческой гимнографии, необыкновенно разнообразившей богослужение. Этому старцу казалось, что гимнография (которую, кстати, создавала плеяда святых песнописцев) – это некое ниспадение от строгости чтения псалмов, практиковавшегося в его местности при его жизни.

С подобными настроениями пришлось столкнуться и святому Иоанну Дамаскину, который, придя в монастырь, встретился с запретом своего нового наставника, монаха, писать стихотворную гимнографию. И тогда Сама Богородица, явившись глупому наставнику, потребовала, чтобы тот не запрещал святому умножать красоту. Так Владычица явно указала на отношение Неба к тому свету, который люди способны нести своими трудами, находясь на земле.

У некоторых древних отцов-пустынников, например у Нила Синайского, мы можем найти слова против культуры. Но так говорили только некоторые аскеты, не имеющие образования. Поэтому можно сказать, что в данном случае отношение к культуре выразили образованные святители.

Григорий Богослов писал стихи. Он же цитировал языческих авторов не реже чем Писание. Он же говорит о людях *«с худым разумением»,* которые сочли светское образование *«опасным и удаляющим от Бога».*

Василий Великий считал необходимой для человека знакомство с античной Классикой.

Святому Дионисию Великому ангел сказал читать все книги без разбора, так как *«Дионисий сможет в них обсудить и исследовать каждую мысль».*

Василий Великий по отношению к античной мысли вводит принцип пчелы. Он советует у каждого автора брать полезное, а вредного отвращаться. Брать, творчески перерабатывать и создавать своё.

Человек похож на цветок, растущий на земле. Там есть и навоз, и чистая земля. Но даже навоз цветок перерабатывает в нечто доброе и важное: запах, красоту. Так и мы должны поступать с языческими произведениями искусства.

Константин Леонтьев в XIX веке скажет: *«Христианство не обязывает быть глупым».*

Христианство имеет глубочайшую культуру мысли, укоренённую в благодати.

Конечно, в мире культуры не всё равноценно. Есть вершины и есть то, что к вершинам не относится. Это естественно, так как у людей различается мера таланта.

А. Чехов об этом говорил, что есть большие собаки и малые собаки. Но существование больших собак не должно смущать малых, когда они лают.

Святые Варсонофий Великий и Иоанн Пророк говорят, что Бог радуется обо всём, что красиво. Это означает необходимость труда над своими произведениями, над тем, что мы создаём.

У Стивена Кинга в одной из его книг звучит такая мысль: «Каждый делает, что в его силах, и делать это надо как можно лучше... Не всегда получается, но надо стараться».

Делать наше дело нужно хорошо. Некоторым кажется, что избрание темой повествования чего-то священного – это залог успеха. И забывают о старании.

Мне приходилось выступать на разных каналах по телевидению, и я заметил одну вещь. Если канал светский, но на нём сочувствующие православию люди делают православную передачу – обычно выходит хорошо. Живо и интересно. А когда канал целиком православный, то передачу сходного содержания делают часто не качественно с технической точки зрения, и передача часто получается скучной.

То есть профессионализм играет свою важную роль.

Почему, допустим, русских современных старцев отправляют на лечение в Германию? Потому, что там опытные врачи.

Создавать православное произведение искусства, сюжет, фильм, урок и так далее – не означает, что в нём непременно нужно говорить о Боге. Вся красота мира – православна по своей сути.

Мысли Варсонофия Оптинского

Святой Варсонофий пишет, что искусство само по себе не ведёт душу к перемене. Это следует понимать так, что подлинное искусство, давая человеку возможность коснуться благодати в нём лежащей, указывает человеку путь и позволяет ему вкусить истину и красоту Духа. Но уже от человека зависит, пойдёт ли он по этому пути преображения, который всегда есть только церковный путь. Таков человек – он может даже лично увидеть Христа (как это было 2000 лет назад в Иудее), может коснуться Духа, может видеть немыслимую высоту и красоту, но пока он не захочет преображения, всё это будет для него бесполезно.

Преображение есть результат жизни человека во Христе и в Духе. А творчество по замыслу Господа и есть результат всецелой деятельности живущего Господом. Потому, чем больше человек живёт, по совести, и заповедям, чем больше в нём Бога, тем полнее в нём выражается творческая грань образа Божьего.

Фрагмент из Библии о значении творчества

4 Книга Царств 3 глава, стихи 13-19

[13] И сказал Елисей царю Израильскому: что мне и тебе? пойди к пророкам отца твоего и к пророкам матери твоей. И сказал ему царь Израильский: нет, потому что Господь созвал сюда трех царей сих, чтобы предать их в руку Моава.

[14] И сказал Елисей: жив Господь Саваоф, пред Которым я стою! Если бы я не почитал Иосафата, царя Иудейского, то не взглянул бы на тебя и не видел бы тебя;

[15] теперь позовите мне гуслиста. И когда гуслист играл на гуслях, тогда рука Господня коснулась Елисея,

[16] и он сказал: так говорит Господь: делайте на сей долине рвы за рвами,

[17] ибо так говорит Господь: не увидите ветра и не увидите дождя, а долина сия наполнится водою, которую будете пить вы и мелкий и крупный скот ваш;

[18] но этого мало пред очами Господа; Он и Моава предаст в руки ваши,

¹⁹ и вы поразите все города укреплённые и все города главные, и все лучшие деревья срубите, и все источники водные запрудите, и все лучшие участки полевые испортите каменьями.

Толкования святителя Димитрия Ростовского

После этого Елисей потребовал, чтобы привели к нему певца*. И вот, когда явился певец-левит, умевший прекрасно петь псалмы Давида, и пел, – Дух Господень сошёл на Елисея, и он, пророчествуя, сказал...

* В том, что пророк Елисей для приготовления своего духа к воспринятию откровения или для успокоения духа от гнева на царя Иорама (4 Цар. 3:13–14), прибегает к действию струнной музыки, после чего «была Рука Господня на нем» (ср. 3 Цар. 18:16; Иер. 1:9), усматривается, во-первых, известный в древности обычай – прибегать к музыке (ср. 1 Цар. 16:16) для отвлечения духа от внешнего мира, успокоения и возбуждения; во-вторых, употребление музыки (с пением гимнов) в пророческих школах (1 Цар. 10:5), с которыми пророк Елисей стоял в тесной связи. По словам блаж. Феодорита, «священники по Моисееву закону, употребляли трубы, а левиты – гусли, псалтири, кимвалы и другие музыкальные орудия. В употреблении же у них при сем было Давидово духовное сладкопение». Одного из этих певцов велел призвать пророк. И когда певец воспевал, благодать Духа знаменовала, что делать».

Толкования на эту строчку святителя Иоанна Златоуста

Если ты будешь воспевать Божие согласно с истиной и в особенности станешь петь ту песнь, какую пел Давид: «Восприняли мы... Боже, милость Твою среди народа Твоего: правдою наполнена десница Твоя» (Пс. 47:11), – то окажешься и воспевающим Божие, и исполняющимся Святого Духа. Тот, кто искренно воспевает, обновляется душою и становится храмом Святого Духа. Не подумай, что псалмопение – нечто маловажное. Хотя, по-видимому, оно только чарует слух, но в действительности пробуждает душу. Так и блаженный пророк Елисей, которого некоторые цари убеждали предсказать будущее, говорит: дайте мне человека, умеющего петь. Пришёл сведущий в пении, и в то время, когда он пел, – говорит Писание, – сошёл на Елисея Святой Дух. Что же? Разве Дух Святой очаровывается звуками и привлекается пением, если Он опочил в пророческой душе? Чтобы призвать к себе Святого Духа, для этого достаточно было чистоты пророка. Зачем же он в таком случае говорит: дайте человека, умеющего петь? Не для того, чтобы усладить Духа псалмопением, но для того, чтобы, в то время, как тот пел, ум пророка, обновившись, сделался достойным посещения его Святым Духом. Для того он призывает Духа, чтобы показать, что Он очарован не псалмопением, а душою, пробуждённою псалмопением. Он сошёл не на певца, а на слушателя».

«Толковая Библия» (авт. А. Лопухин)

В том, что пророк Елисей для приготовления своего духа к восприятию откровения или для успокоения духа от гнева на Иорама (ст. 13-14) прибегает к действию струнной музыки, после чего «была рука Господня на нем» (ср. 3 Цар. 18:16; Иер. 1:9), усматривается, во-первых, известный древности обычай прибегать к музыке (ср. 1 Цар. 16:16) для отвлечения духа от внешнего мира, успокоения или возбуждения (подобное Цицерон говорит о пифагорейцах); во-вторых, употребление музыки (с пением гимнов) в пророческих школах (1 Цар. 10:5 сл.), с которыми, как сказано, пророк Елисей стоял в тесной связи. По словам блаж. Феодорита, *«священники, по Моисееву закону, употребляли трубы, а левиты – гусли, псалтири, кимвалы и другие музыкальные орудия. В употреблении же у них при сём было Давидово духовное сладкопение. Одного из сих певцов велел призвать пророк.*

И когда певец воспевал, благодать Духа на знаменовала, что делать» (вопр. 12 на 4 Цар).

Блаженный Феодорит Кирский «Вопрос 12. Как должно разуметь сказанное: приведи ми певца?»

Божественнейший Давид, сподобившись царственной и пророческой благодати, премудро учредил чин священнического служения и повелел, чтобы священники, по Моисееву закону, употребляли трубы, а левиты – гусли, псалтири, кимвалы и другие музыкальные орудия. В употреблении же у них при сём было Давидово духовное сладкопение. Одного из сих певцов велел призвать пророк. И когда певец воспевал, благодать Духа назнаменовала, что должно делать. Ибо повелевала ископать в потоке глубокие рвы, чтобы из текущего издалека ручья наполнились они водою и удовлетворили потребности воинства. Заметить же должно, что духовную благодать писатель наименовал рукою Господнею. Сказано: «И бысть на нем рука Господня, и рече: тако глаголет Господь».

Вот ещё один невероятный богословский и исторический фрагмент о том, что смысл творчества – «умножить Бога» (Григорий Палама), творить благодатную красоту, которая не умрёт.

Старец Гавриил Стародуб рассказывал, что, когда он в присутствии одержимой женщины стал играть на фортепиано Баха – у неё начался припадок.

Вспоминаю и как некий храмовый сторож, когда я оставил в сторожке свои стихи до утра – ночью пришёл в ярость и разорвал лист в клочки, а потом не мог объяснить, зачем это сделал, говоря только, что его «враг попутал».

Истинное творчество сияет изнутри Богом, оно Им наполнено, оно Им звучит. Это творчество, как пишет апостол, спасается вместе с человеком, не сгорая в том огне, в котором сгорит вся земная ложность во Втором Пришествии. Это творчество – та «слава и честь народов», которую великие принесут в Новый Иерусалим, как пишет Иоанн в Откровении, а позднее повторяет ту же мысль в своём богословии Григорий Палама или святой Софроний Сахаров.

Но вернёмся к отрывку из Библии. Старец Эмилиан Вафидис пишет, что на душу человека всегда влияет его телесное состояние. Мы не знаем, в каком состоянии был Елисей в тот момент, когда царь просил у него ответа. Может быть, он, вслед за Гендальфом на Морийском мосту был готов повторить: «Это Барлог… А я так устал». Но ему, несомненно, нужно было коснуться Неба, чтобы сказать небесное слово. И Елисей знал, как совершить это касание. Он позвал музыканта, чтобы тот исполнил полную неба песню (святые комментаторы считают, что музыкант пел псалом), но он мог бы исполнить сияние Бога в высокой музыке и песне возвело пророка к Небу. Уже из этого понятно, что гуслист пел и играл что-то вроде древнего Баха, а вовсе не доисторическую попсу…

Иоанн Златоуст пишет, что гуслист позван был: *«для того, чтобы, в то время как тот пел, ум пророка, обновившись, сделался достойным посещения его Святым Духом. Для того он призывает Духа, чтобы показать, что Он очарован не псалмопением, а душою, пробужденною псалмопением. Он сошёл не на певца, а на слушателя».*

И это – один из высоких смыслов искусства – тот самый катарсис, о котором писал и знал ещё Аристотель – когда благодать так касается воли и сердца, что мы не можем не плакать, не можем не сожалеть о всём, что было в нашей жизни вне Бога… Этот плач обновляет нас и наш путь, этот плач возвращает нас к самим себе. Ибо искусство, вообще всякая Божья красота, сотворённая Им или людьми. Это каждый раз великий шанс каждому из нас вернуться к настоящему себе… Чтобы мы видели прошлое не страшным кладбищем загубленных часов, а славой

Господней, чтобы мы радовались и плакали, и снова становились людьми!

Святой Иоанн Кронштадтский и творчество

Что же касается прекрасного святого Иоанна Кронштадтского, высказывавшегося против театров, литературы и искусства своего времени, то здесь он поступал не как богослов, а как пастырь-практик. То есть он не пытался и не старался осмыслить всё высокое богословие творчества в контексте назначения человека в истории и в вечности, как это делали Григорий Палама, Шмеман или старец Софроний Сахаров. Но он видел, какие угрозы с какой стороны приходят к его прихожанам и отвечал соответственно.

Во времена Иоанна Кронштадтского литературный бал правили Лев Толстой и нигилисты. Толстой был самым высокооплачиваемым писателем времени, гораздо более популярным, чем Достоевский. Влияние Толстого на умы было колоссальным. И не столько литературным, сколько авторитетом его личности. Будучи гением пера, он одновременно создал своё весьма плоское религиозное учение, на свой лад трактуя Евангелие. Но интеллигенция принимала именно Толстого и его взгляды на церковь, потому что интеллигенция по большей части находилась вне церкви. Клерикальная и светская культура были почти полностью разделены. Единственной точкой их соединения в тогдашней России был монастырь Оптина Пустынь и её старцы. Влияние Оптиной тоже было велико, но Толстой владел умами множества интеллигентных людей. Умами владели и нигилисты, и всевозможные революционеры. Потому Иоанн Кронштадтский порицает литературу, как священник, видящий все эти опасности для людей. Видящий опасность безверья, неверия в божественность Христа.

Святой Иоанн Кронштадтский хорошо понимал, отчего Толстой отрицает чудеса и отчего его учение так легко принимают образованные люди. Ведь среди интеллигенции всегда очень много умников, знатоков, которые считают, что если они не умеют творить чудеса, то не умеет и никто. Таких людей в Евангелии звали саддукеями, а теперь умниками.

Иоанн Кронштадтский нападает не столько на писателей, сколько на гордость большинства пишущих людей, на их нежелание восхититься Богом, как источником всякого дара, как Тем, без Кого красота невозможна.

В XIX столетии в России театр был одним из основных развлечений аристократии, наряду с балами, застольями и игрой в карты.

Иоанн Кронштадтский видел, что всё это отвлекает людей от важнейшего. Что любой его знакомый поручик и офицер, граф или князь с удовольствием пойдут на фривольную французскую комедию, а вовсе не на Шекспира и не на всенощную к празднику.

Если бы святой Иоанн писал сейчас, то он был бы рад за всех тех, кто ходит теперь в театры, потому что современные люди – это, по выражению Томаса Элиота «полые люди», которые «пляшут перед кактусом в 7 часов утра». То есть живут в ритме «с понедельника по пятницу, с восьми до пяти – и так до самой смерти». Театр и вообще искусство (когда оно настоящее) заполняло бы этих «полых» людей светом Господним, но у них вечно нет времени на важнейшее, и лишь лучшие из людей оглядываясь на прожитую жизнь, видят в ней кладбище загубленных часов. И таких Господь выводит к Своему свету.

Высокое искусство, в том числе и высокий театр, не дают человеку измельчать до такой степени, что с ним невозможно было бы говорить о высоком. Папа Иоанн Павел II как-то заметил Ольге Седаковой, что искусство не может быть мелочным, а люди могут. Здесь мы можем добавить, что искусство даёт не быть мелочными всем тем, кто открывает сердце заключённому в нём свету – свету Божьему.

Пробуждать, вдохновлять, возводить, указывать на важнейшее и давать к нему прикоснуться – вот смыслы искусства. Потому писатель Сергей Довлатов замечал, что перед великим произведением искусства мы останавливаемся и говорим (даже если мы не веруем): «Господи! Как мелко и некрасиво я живу! Сегодня же, сейчас же буду жить по-другому!». И Довлатов замечает, что это – религиозное по своей основе воздействие искусства, которого оно добивается своими методами.

Искусство и богословие

В истории церкви за 20 с лишним веков встречались святые, которые в силу тех или иных причин (например, отсутствия образования, советчика, разъяснившего им это дело и т.д.) не понимали ценность искусства и творчества.

Потому, для уяснения этого вопроса нам нужно обращаться не к этим отдельным замечательным подвижником, а к общей богословской мысли, выраженной согласием святых отцов поэтому или иному вопросу. Так, в вопросе об искусстве и творчестве, мы обращаемся к Иустину Философу, Григорию Богослову, Василию Великому, Григорию Нисскому, Григорию Паламе, Иоанна Дамаскину, и другим святым отцам, поэтам, мыслителям, касавшимся в своём наследии богословия творчества.

Обращаемся и к современным подвижником и мыслителям, понимавшим творчества в контексте дамаскинско-паламитского богословия, таким как старец Софроний Сахаров, митрополит Антоний Сурожский, Александр Шмеман, Олеся Николаева.

И мы увидим, что все эти замечательные мыслители и подвижники мыслят творческую способность человека, как одну из важнейших граней образа Божьего в нём. То есть, способность создавать красоту присуща нам изначально, как детям Божьим, потому красота и культура не являются просто довеском к падшему человечеству, но возможностью внести в слова, дела и мысли благодать Божью. Таковое творчество по Григорию Паламе умереть не может, но спасается вместе с человеком. Моцарт спасается со своей музыкой, а Андерсен со своими сказками. В Апокалипсисе об этом сказано, что все великие люди всех веков принесут в Небесный Иерусалим славу и честь народов…

Современные примеры отношения подвижников к творчеству

Старец Порфирий Кавсокаливит, преподобный, любил науку и искусства. Несмотря на свои два класса начальной школы, обладал обширными знаниями во многих областях. Он читал книги на все темы: о физике, медицине, астрономии. Он любил мир Господень и стремился узнавать о мире всё больше и больше. При этом его знание было связано с благодатным взглядом на то, что он познавал. Один из биографов Старца пишет: *«У него было много духовных чад с высшим образованием, в том числе преподавателей университетов. Однажды один профессор, астроном с мировой известностью, посетил Старца. Зашла у них беседа и об астрономии. Позже он говорил, что Старец очень удивил его обширностью своих знаний в этой науке. «Он действительно знал то, о чём говорил, и ни в чём не допустил ошибки», — рассказывал поражённый профессор. В другой раз директор госпиталя, известный хирург, был не менее удивлён, ког-*

да старец ему подробно описал то, как следует делать определённую операцию». Для того, кто умеет любить, мир – всегда повод к ликованию и постижению, когда радуешься каждой клеточке мироздания и познавая её, познаёшь ещё больше мудрость Господню. Подобно многим другим старцам, Порфирий помогал людям искусства обретать вдохновение в Боге и раскрывал им их таланты как творческую грань Господня образа в нас. Наверно потому, даже простая домохозяйка выходила от Старца с чувством, что и она тоже значима и талантлива. Потому, что таланты – это на самом деле разные формы выражения благодати и любви, и даже котлеты мы можем жарить талантливо, если только в это время смотрим на Бога.

Старец Софроний Сахаров, однажды к нему обратился известный композитор Арво Пярт. Тогда Пярт только пришёл в Богу и спрашивал совета у какого-то священника, что ему теперь делать? Священник сказал: «Бросай музыку и становись церковным сторожем». Но Пярт ощутил неправильность такого совета и поехал к Старцу Софронию. Тот ответил композитору: «Пишите музыку и вас узнает весь мир». Так и случилось – Арво стал прижизненным классиком, произведения которого дают людям пережить Бога. Многое из того, что он писал он привозил к Старцу на оценку и лишь после того, как тот прослушивал новую музыку Арво разрешал тиражировать свои новые произведения.

Так же Старец Софроний Сахаров высказывал важнейшие мысли о творчестве: *«Многогранен образ Божий в человеке. Один из аспектов – творческая сила, проявляющаяся в различных областях культуры всех видов»*. То есть, человек – есть творец во всём, что он делает.

«Только то творчество, которое совпадает с волей Отца Небесного, производит плоды, могущие перейти в

вечность». Другими словами, красота, которой коснулся Дух, не умирает, но спасается вместе с человеком.

Святой Силуан Афонский, в ответ на вопрошание Давида Бальфура, можно ли заниматься музыкой, отвечал, что не видит в этом никаких препятствий для духовной жизни. Старец Софроний передал Бальфуру такой ответ святого Силуана: *«Относительно музыки Старец Силуан не только не противился, а даже сказал, что это не плохо. Так что играйте, как и до сих пор»*.

Старец Гавриил Стародуб продолжал играть на фортепиано, даже будучи Старцем. Иногда, когда духовные дети просили совета, Старец садился за фортепиано и играл музыку, подбирая её так, что классика каждый раз оказывалась выражением души вопрошателя и даже ответом на его вопрос.

Юного Ивана Шмелёва благословил на писательство известный Валаамский Старец, сказав тому: «Вознесёшься талантом своим», имея ввиду колоссальную последующую славу Шмелёва, писателя, который прожил всю жизнь под явным покровом Богородицы.

Митрополит Зиновий Мажуга, святой, любил и ценил книги, особенно научного направления, в частности, по истории.

Старец Дионисий Каламбокас, посылает своих монахов и монахинь получать и духовное и светское образование в лучших учебных заведениях Греции. Вокруг Старца собираются люди искусства, и он помогает им ощутить творчество как раскрытие творческой грани образа Божьего в нас, чем неизменно вдохновляет людей.

Святой Феофан Затворник в городе Выше провёл свои последние годы жизни, будучи в затворе каждый день занимался науками и искусством. В его комнате стояло пианино с нотами, книжные шкафы с зарубежной художественной литературой и т.д. Для него это не было препятствием для духовной жизни.

Старец Николай Гурьянов, говорил о высокой поэзии: *«Некоторые стихи – как молитва, и человек, читая их, беседует с Господом, а потом полюбит саму молитву, его будет тянуть к ней, чтобы покаяться перед Творцом».* Подобное раскрывает подобное. Сама благодать, которая лежит в сердце стиха, открывает человеку Бога как реальность жизни читателя.

В этом одна из причин, по которой сам Старец Николай всегда много читал, считал лучшим подарком книгу, выписывал любимые стихи и благословлял детям чаще читать хорошие стихи, ибо они «умягчают сердце» присутствием Божиим.

Святой Афанасий Сахаров вспоминал в письмах, как часто обращался к стихам А. Толстого, а конкретнее к поэме «Иоанн Дамаскин», как наиболее полно выражающим его душу и некие важные грани в его отношении с Богом.

Святой Иустин Сербский много читал православных святых отцов запада и востока, читал лучшие богословские работы своего времени, работы по философии и истории, литературу и поэзию. Всё это святой свободно читал на шести языках.

Святой Нектарий Оптинский говорил: *«Бог не только разрешает, но и требует от человека, чтобы тот возрастал в познании. В Божественном творчестве нет остановки, все движется, и Ангелы не пребывают в одном чине, но восходят со ступени на ступень, получая новые откровения. И хотя бы человек учился сто лет, он должен идти к новым и новым познаниям».*

Святой Филофей Зервакос, рассуждая о культуре считал, что всё заключается в направлении сердца творящего человека – смотрит он на Бога (хотя бы неосознанным устремлением) или же от Бога отвернётся.

Святой писал: *«Литература и наука, лишённые морали, благочестия и добродетели, становятся бесполезными и вредоносными. Если же им сопутствует благочестие, нравственность и добродетель, то они приносят многочисленные и великие плоды».*

Антоний Сурожский говорит: *«Красота может быть откровением».* По мысли святых отцов человек вообще может быть откровением о Боге, потому что его дела, слова и мысли могут заключать в себе свет Господень. То же касается и подлинных высоких произведений искусства, которые могут открывать нам Того, без Кого красота невозможна. Человеку дано заключать благодать в свои творения, подобно тому, как толкиновский эльф Феанор вложил райский свет в созданные им камни Сильмариллы. Так бывает лишь тогда, когда сердце творящего направлено к свету.

Святой Николай Сербский открывает назначение людей на земле так: *«Будь матерью и священником для каждого живого существа».* Ибо мать – лишь печь для варки картофеля, если она не священник. А священник, если он не мать, подобен повару, который держит пустые горшки на огне и обещает голодным обед».* То есть – нежность ко всем и всему, и освящение мира всяким своим трудом. *«Анализ умерщвляет, песня оживляет. Только поэзия может воскресить прозу. Поэзия произросла из древа жизни, а проза – из древа познания... Если облечёшь твою жизнь в песню, будешь ближе к истине, ближе к жизни».* Конечно, тут святой не выступает против прозы как жанра и не приводит апологию стихов как литературного явления, но говорит, что вся наша жизнь может быть для нас песней Духа, и это будет поэзией.

Преподобный Порфирий Кавсокаливит говорил, что настоящий христианин всегда поэтичен. *«Чтобы стать христианином, нужно иметь душу поэта, нужно стать поэтом. «Грубых» душ Христос не желает иметь с Собой. Христианин пусть лишь тогда, когда любит, является поэтом, пребывает в поэзии».*

Сердце настоящей поэзии – благодать. Она возвышает души ищущих подлинности до встречи и жизни с Богом.

Поэзия обнажает мир до той сути, где явным становится присутствие и величие Божие.

Начало начал в мире книги

Обращаясь к мировой литературе, мы видим одну важную тенденцию, которая коренится не в моральной и сугубо творческой, но онтологической и духовной области.

Так, классик английской и ирландской литературы Уильям Батлер Йейтс писал в те годы, когда других писателей Ирландии волновали политические, экономические и социальные вопросы. Йейтс же думал только о предельных вопросах бытия: смысле жизни и любви, значении смерти и страдания, преображающей роли личной жертвенности.

И теперь имена его современников интересны только специалистам по истории ирландской литературы данного периода.

Йейтс же, обрёл всемирную славу. Поразительным образом, он сделал для своей страны больше, чем все её министры и политики, потому что, обратившись к подлинной исторической глубине и красоте своего народа. Он положил начало тому очарованию кельтами и всем кельтским, которое с каждым годом только ширится в мире, и на западе даже стало одним из символов противостояния бездуховной масс-культуре.

Всё это говорит только о том, что чем более современной пытается выглядеть книга, тем скорее она устареет потому, что современность меняется и лишь вечное остаётся навеки.

В Древнем Египте было много богатых и влиятельных людей, но история сохранила имя Библейского Иосифа Прекрасного потому, что только та красота, которая помазана Духом, не умирает. Это касается и жизни, и книги.

И потому, какие бы новинки в мире книг не предлагала читателю изменчивая мода и маркетологи, каждый из нас может точно знать, что века и само время переживёт только такое произведение, коснувшись которого человек, даже неверующий, говорит: «Господи, как мерзко и некрасиво я живу! Сегодня же, сейчас же буду жить по-другому!».

Ибо в этом красота подлинной книги – она всегда является для нас вестью из самой дальней и самой желанной небесной страны, для которой только и был создан человек на земле.

Воображение и фантазия

Многие христиане отрицательно относятся к воображению и фантазии, хотя и то и другое присуще всем людям как одна из граней выражения творческого дара, способность быть малым творцом, придумывая и приводя в бытие то, чего Господь ещё не делал, но что Он, глядя на наши труды, всё так же благословил.

Мораль и литература

Известно, что Пушкин в переписке сказал, что литература, не то же, что мораль, но совершенно другое дело. Это, впрочем, не означает, что произведение не воздействует на совесть, но действие это глубже морализаторского. Великое произведение, являя мир со всеми его духовными законами, являет одновременно и то, что только добрый может зваться подлинным человеком, даже если он терпит видимое поражение. У читателя, видящего это, пробуждается совесть, но не потому, что к ней воззвали, а потому, что он, быть может впервые, видит, насколько добро присуще бытию, и насколько зло ему не присуще.

Это как если увидеть мир как он есть на самом деле, увидеть его Божьим взглядом. Но уже от читателя зависит, последует ли он красоте этого видения, или нет.

О мудром читателе

Уолт Уитмен говорил: «Великая поэзия возможна только при наличии великих читателей». Чтобы передать традицию духовного и глубинного осмысления мира, необходимы люди, которые могут её воспринять. Это высказывание сродни слову известного старца, что старцы образуются из послушников. Что же нужно такому читателю-послушнику? Ему, прежде всего, на текст необходимо смотреть с благоговением, а не сверху вниз. Он должен понимать, что автор мудрее его и может научить его тому, чего он не знает. Автор может привить читателю желание смотреть на вещи духовно, может указать ему путь и обозначить вехи на этом пути. Хорошая книга делает с читателем то же, что и старец со своим учеником – она приобщает его подлинной глубине, на которой только и можно встретить Бога. И так мы можем истолковать фразу Цветаевой: «Чтение есть соучастие в творчестве». То есть обоюдная вера в глубину жизни, обоюдное желание проникнуть в подлинность. У писателя – по дару, а у читателя по восприятию благодати текста великого автора.

Финал чтения

Написанный по благодати великий текст, и по благодати же понимаемый, предполагает, что, в конечном итоге, он, как и любая красота, есть ещё и путь, ведущий к Всеобщему Творцу. Но от читателя зависит, сможет ли он пойти открывшимся ему путём к блаженству, которое, по Льюису, только виднеется сквозь музыку и книгу. Хватит ли у читателя чуткости осознать, почему именно этот, возвышающий душу автор, обладает способностью возвышения? И здесь уже многое зависит от наклонностей самого читателя.

Вспоминаются и слова Георга Лихтенберга: «Книга – это зеркало: если в неё заглянет осёл, вряд ли в ответ из неё выглянет апостол». Те разительные перемены, которые происходят с душой чуткого читателя после чтения, возможны потому, что читатель был к этому приуготовлен всей предыдущей жизнью.

Так, некий подросток обратился к учителю литературы, говорившему о христианской основе «Властелина колец», и ответил: «Это боевик, написанный только для развлечения». Но, ведь тогда и «Преступление и наказание» можно назвать детективом, или рассказы Честертона об отце Брауне...

Вот и другой пример. Великий современный подвижник Иустин Сербский, читая Достоевского, молился о Раскольникове и плакал, о нём. Он, конечно, знал, что это вымышленный персонаж, но в его лице святой оплакивал уходящее от Христа человечество, и молил Господа всегда ко всем приходить на помощь.

Вот насколько по-разному может действовать на читателя один и тот же текст.

У Евгения Евтушенко есть строки о человеке, говорящем «заумь» о пьесе, что мудрей его. Чем духовнее читатель, тем большую глубину он познает в книге. Подобно, как подвижник и в жизни видит больше, чем остальные люди. И, если кто-то, прочитав великую книгу, не изменится, это не вина книги. Ведь и в церкви не все люди меняются. Можно и 25 лет проходить в храм, но остаться чёрствым эгоистом. И можно быть интеллектуалом читателем, который прочитал сотни книг, но никогда не выйти за пределы своего «гордоумия».

Поэтому, лучший способ читать сходен с лучшим способом жить – будьте добры и ещё добрее, и высший смысл откроется вам, освятив вашу душу Богом.

Как читать книгу

Общим правилом чтения может послужить формула Иустина Философа: «Всё, что добро, всё наше». Ведь для того, чтобы отыскать добро, человек должен пользоваться советом Василия Великого, и быть подобным пчеле, которая собирает с цветка мёд, но не яд.

Принцип согласия отцов из патристики может быть легко перенесён в литературу – мы принимаем в тексте не всё, но, только то, что автор уловил и передал верно. Где красота творения не замутнена очевидной страстью.

Здесь нужно заметить, что практически вся современная литература для своего малого и временного успеха использует людские страсти: блуд, тщеславие, сребролюбие и так далее. Мне даже приходилось встречать мнение некого писателя, что мастерство автора выражается в описании блудных сцен и застолий. Между тем, в мировой культуре есть великие авторы, слава которых переходит из века в век, но они не писали ни о том, ни о другом. Великой литературе всегда было свойственно доброе целомудрие, даже когда она говорила о влюблённости. Как Шекспир в «Ромео и Джульетте».

Творчество не должно служить страстям. Чаще всего, мы наблюдаем даже у великих авторов, что в определённых местах своих произведений они служат именно страсти, а не благодати. Так, например, Овидий в своём «Лекарстве от любви» говорит и вполне святоотеческие вещи и, вперемежку, разные непристойности. По принципу Василия Великого мы должны отделять одно от другого.

Соблазн неправильного в тексте может быть весьма велик. Гёте, создавший «Страдания юного Вертера», с ужасом узнал, что вдохновлённые его книгой о страсти многие читатели подобно герою покончили с собой. Гёте даже писал стихотворное обращение к читателям, разъясняя, что итог несчастливой любви вовсе не в том, чтоб убить себя. Он говорил, что писал книгу, чтоб, наоборот, отвратить людей от этого пути.

Помню себя молодым студентом первокурсником, впервые прочитавшим «Вертера» именно в разгар страстной и несчастливой влюблённости. Описанный в романе уход из жизни казался единственно правильным, и только природное благоразумие помешало подобной глупости.

Итак, благодать текста действует на читателя, но и страсть автора действует на него тоже. Это нужно учитывать при выборе чтения, как и вообще при выборе того, что мы познаём. Тут пригодится совет Феофана Затворника о чтении литературы: «Не всё подряд и не без разбору. Не занавозьте свою чистую голову...».

О комментарии и обсуждении

Комментарий близкого человека к тому, что ты прочёл, его мнение о произведении – это одна из радостей чтения. Помню, сколько счастливых минут доставляло мне обсуждать с мамой смысл прочитанных книг.

Кстати, когда мы имеем дело с ребёнком, то вообще хорошо обсуждать с ним то, что он читает. Это сообщит его чтению дополнительную глубину – нашу. И обрадует ребёнка. Всякое подлинное произведение многогранно, каждый откроет в нём смыслы, которых не заметит другой. Это, конечно же, хорошо, и этими открытиями можно делиться друг с другом.

Так, на всю жизнь меня поразили слова университетского профессора, что «разное дело: когда автор приносит текст, и когда автор приносит мир. И второе случается куда реже». Или мысли мамы о наших с ней любимых писателях. Всё это формирует душу человека, не менее собственного вникновения.

Вообще, этот приём, комментария к увиденному и прочитанному, современные православные педагоги считают одним из ключевых в воспитании детей и подростков.

Логосы творения

Святой Максим Исповедник говорит: «Художественный или пророческий ум всматривается в то или иное явление и находит в нем нечто сродное из другого мира, находит его символ. Этот символ входит в язык художника или богослова-пророка. Этими символами полна Псалтирь, вещания пророков, гимнография Церкви... иконография».

Чтобы понять это, нужно вспомнить учение святого Максима Исповедника о том, что мир физический и духовный существуют в единстве, а Господь одинаково являет Себя и там, и там. В каждую точку творения Бог вложил благодать, которую Максим зовёт логосами творения. Пророк и поэт имеют Адамов дар прозревать в физическом мире эту благодать, лежащую в глубине творения. Они могут изъяснять увиденное словами, которые одновременно и адекватны видению, и несут в себе божественную красоту.

Есть, конечно, и разница между пророком и поэтом, так первый познаёт и открывает духовные законы мира, а второй ещё и творит новое и несуществующее. Несомненно и то, что первый Адам был и пророком, и поэтом. Увидав Еву, он пророчествует, а нарекая имена животным – творит. Это потому, что способность прозревать и создавать вложена Господом в каждого человека вообще. Именно потому страдавший глубоко понимает мир и может о нём сказать. То же делает и чистый сердцем. Так, одна девятилетняя девочка сказала, что все животные – православны. Если вспомнить, что всякое дыхание хвалит Творца и знает Его, то утверждение девочки неоспоримо, хотя из всех живущих на земле это впервые сказала именно она. В этом дар творчества – нести ещё не бывшее, но существующее по тем же логосам творения (или духовным законам, или благодати) по которым весь мир соединён в церковь и вручён человеку.

Отсюда – единственное правильное творчество возможно только когда человек в ответ вручает мир Творцу. Вручает себя самого и все свои песни, радуясь тому факту, что «всякое даяние благо нисходит свыше от Отца Светов», Которым в мир, жизнь и творчество приходит подлинный свет.

Святость и творчество

Этот дар творения новой красоты всегда имеет святой, как преображённый человек. И, по мере преображения сердца, творчество человека будет наполняться всё большим светом. Не только творчество, но и всякое дело и слово. Когда Серафим Саровский говорит «радость моя» эти слова имеют продолжение в бытии, когда то же самое говорит диктор радиостанции, то те же самые слова не несут в себе ничего. Внутренняя сила слова – в благодати сказавшего.

Поэт и писатель отличаются от других людей. В момент творческого акта Господь дарует им благодать писания. Ту самую, которую подвижник стяжевает годами подвига. Но, с другой стороны, благодать подвижника всегда с ним, а потому и всякое слово его (если только подвижник не в искушении) благодатно. То есть продолжает собой красоту нашего мира.

Помню, как я удивлялся своему первому наставнику – глубоко духовному человеку. Этот совершенно необразованный священник, порой говорил такие вещи, так необыкновенно выражал суть мироздания, что, казалось, будто он и есть поэт. Что, конечно, было не так. Сама духовная жизнь делала его поэтом в смысле рождения нового, благодатного слова.

Чистота сердца есть чистота текста. Нет на свете ни одного человека, который не был бы способен к творению красоты. Как верно и то, что любой талант человек может зарыть в землю, не приумножив им красоту.

Вдохновение

По Григорию Паламе, подлинное вдохновение есть благодать, коснувшаяся сердца человека. Однако, всякий автор может быть подвержен влиянию демонического воздействия, в некоторые моменты своего творчества. Христианин здесь может прибегнуть к дару различения духов, а мирянин смотреть на плоды труда. Боговдохновенное творчество не может воспевать страсть, но несёт душе облегчение, мир и радость – плоды Духа Святого.

У Хемингуэя есть слова: «Когда книга получается хорошо, мне начинает казаться, что это я у кого-то украл». Так писатель выражает своё ощущение того, что, когда в мир пришли великие слова, складывается впечатление, что они всегда в нём были. Это потому, что словом выражен и явлен мир в духовной, неизменной сути своей.

О писательских биографиях

Как если полюбить живущего в другой стране человека и по крупицам начать собирать о нём материал и известия, точно так приходится поступать по отношению к любимому писателю или поэту. Статья за статьёй (которые, обычно, написаны в обход главного), книга за книгой мы воссоздаём облик того, кто нам дорог. Первостепенное значение здесь имеют его отношения с Богом, самые важные в любой жизни. Но, к сожалению, именно это, ключевое для постижения личности, явление, авторы биографий и литературоведческих статей почти не освещают. Можно прочитать большую книгу о любимом авторе, и лишь вскользь узнать, что, допустим, Толкин был католиком, а Джон Донн англиканским священником. Но уже то, что первый имел глубочайшее, окрыляющее доверие Богу, а второй, вопреки протестантскому упору на Бога-Судью, вполне православно учил прихожан Его милости, об этом мы если и прочитаем где-то, то перечитав перед этим огромное количество литературы об авторе.

И как только учёные-литературоведы умудряются всю жизнь согреваться словом, но никогда не видеть Источником этого света – Христа? А, ведь именно Его, прежде всего искали мировые гении, и уже только в Нём осмысляли и творчество, и жизнь, и дальнейший путь.

О новой красоте

Многим писателям приходилось какое-то время издаваться за свой счёт и весьма ограниченными тиражами. Так, первая книга Хемингуэя вышла во Франции в 1923 году. Она называлась «Три рассказа и 10 стихотворений». Тираж её был – 300 экземпляров. А вторая книга вышла в 1924 году в количестве всего 170 штук. Теперь, конечно, эти экземпляры библиографическая редкость и очень дороги.

Толкиновский «Хоббит» вышел в 1938 году тиражом в 3000 экземпляров. Тогда же оксфордский профессор византологии купил книгу, мотивируя это тем, что, когда сто лет назад вышла «Алиса в стране чудес», спустя несколько десятилетий она очень хорошо продавалась. А в 2000 году одна книга из этого первого хоббитского тиража была продана в Лондоне за 85000 фунтов стерлингов.

Уильям Вордсворт и Альфред Хаусмен, английские классики, долгое время издавали стихи за свои деньги и малыми тиражами.

Всё это связано с тем, что в нашем мире люди привыкли доверять красоте только тогда, когда она имеет справку от неких авторитетных инстанций. Так, например, сейчас Данте и Сервантес всемирно известны, но при жизни их читали далеко не все. Людям как бы нужно время для того, чтобы привыкнуть к новой красоте. Чтобы как можно больше простых сердец откликнулось на неё и сказало, что не хочет мира без этой, явленной в бытие красоты. И лишь потом авторитетные источники (разные чиновники от литературы, издатели и критики) заносят новую красоту в разряд классики, только оформив то почитание, которое уже сложилось среди чутких душой людей. Но время идёт, и Господь благословляет рождению новой на земле красоты, прежде ещё не бывшей. И дорога её к читателю будет столь же трудной, как и у всей предыдущей, ведь высота всегда требует всего сердца, высота требует перемены, а на это решаются не всегда и лишь самые лучшие из людей...

Слава Господня

Ошибка Игнатия Брянчанинова ещё и в то, что он строго делит искусство на мирское и духовное, второе, закрепляя лишь за Церковью и святыми отцами. Он прав в том, что от светоносности сердца зависит светоносность результата, но в этом разделении он, не будучи ни культурологом, ни богословом искусства, ошибается. Это можно увидеть, перейдя на его игровое поле – тексты отцов.

Для отцов не было этого деления «мирское – церковное», они рассматривали творчество в ключе богословия святых Иоанна Дамаскина и Григория Паламы, как божественное свойство человека, умножать Господни пространства своим несравненным трудом. Творчество – не свойство веры, а свойство человека как образа Бога. Образ Бога, Богосыновство, даже догматика (как пишет об этом схиархимандрит Эмилиан Вафидис) вложена в каждого из нас изначально, как в Его детей.

Любой язычник может сотворить истинное дело, как сын истинного Бога, если он стремится умножить настоящее и высокое. Поэтому многих живших до Рождества, таких как Сократ, Диоген Синопский, Гераклит – отцы звали «христианами до Христа». И деление в творчестве у святых отцов совершалось по принципу «всё, что добро – всё наше» (св. Иустин Философ). То есть, всё высокое, созвучное Богу, сотворённое по наитию Духа Святого – есть та слава рода людского, которая, согласно Григорию Паламе и Писанию, обретает бессмертие и берётся в Новый Иерусалим. Берётся туда как продолжение настоящести. Людям трудно понимать это, но Бог вправду знает, в чём и где, кто Его знает, и не знает, и знает неточно, проявили себя в достоинстве детей Божиих.

О ПОЭЗИИ И О РАЕ

Везде, где проповедник говорит то, что сам не пережил в Духе, проповедь оказывается обычной дидактикой, не способной дать слушателю вкусить райский опыт. И тут на помощь ищущему этого опыта приходит поэзия, которая не учит, но являет поразительный опыт иного, опыт удивления и благодарности, опыт прикосновения к Духу.

Но было бы странно искать от поэзии моральных предписаний. Ольга Седакова говорила об этом: *«Беда нам, что мы хотим от поэзии идеологической формулы, морали или поучения»*. Поэзия даёт нам коснуться благодати, прожить этот опыт встречи с подлинностью, а не нудно бубнит мораль.

Именно потому поэзия так далека от людей формы, от внешних христиан. Живущие Духом, напротив, так ценят людское творчество. Светлана Панич говорит об этом так: *«До тех пор, пока мы воспринимаем веру не как пространство свободы, мы будем не способны принять в пространство веры всё, что выходит за рамки предписания»*.

Высокая поэзия являет небо и рай, а рай нельзя предписать, как нельзя предписать благодать, ликование о бытии, благодарность и чудесную мудрость *«Люби и делай что хочешь»,* – говорит блаженный Августин. Потому людям формы всегда отвратителен рай и поэзия, как возможность коснуться Духа.

У Дороти Сайерс есть мысль, что люди, идущие фарисейским путём формы и предписаний, умерщвляют свои дары, они проводят жизнь вне благодати, а потому вне ликования, благодарности и изумления. И вне опыта рая, а потому опыт рая всегда подозрителен для них, в чём бы он ни выражался, духовной красоте и свободе современного им подвижника или же стихотворения. «Распять его» – вот единственная реакция фарисея на опыт рая.

Христианское отношение к поэзии – как дару. Именно этим мы призваны умножать красоту и свет.

Для святых поэтов, таких, как Григорий Богослов или Коламба Шотландский, творчество заключалось не в самореализации, но в том, чтоб дарить себя и своё.

Мир для них состоял из миллионов поводов для ликования, и никакая временная боль не отменяла его красоту. Они знали, что добрый не может устать отдавать и творить, и их стихи были продолжением их радости жить на свете. Потому и понятны они могут быть лишь тем из читателей, кто, в свою очередь, тоже тянется к доброте и чувствует, какой прекрасный и милостивый у нас Господь – Поэт вселенной и источник всей поэзии светлых душ.

***

Подлинная поэзия – это возможность через соединённое с благодатью слово не просто смотреть на мир, но и видеть его суть до глубины, до Промысла, до духовных законов.

Поэзия – это дар умножать красоту, вдохновляя слушателей прикосновением к высоте и небу, звучащему в настоящих стихах.

Поэзия существует не для самовыражения, но для исполнения назначения языка – благодарить и хвалить.

Поэт выражает своё ликование о бытии Господнем, о мудрости Его мира и о той красоте, которая всегда вокруг существует.

Современные люди часто говорят, что не понимают поэзию. Ведь для того, чтобы понимать настоящесть, нужно быть в какой-то мере причастным ей, а в высоких стихах звучит настоящесть неба.

Ошибается тот, кто ждёт от поэзии инструкций и предписаний или советов. Подлинная поэзия не морализаторствует, она являет опыт Царства Небесного, и человек читающий может прикоснуться к звучащей в стихе благодати, которая станет для него вестью из дальней страны, из Горнего Иерусалима. Ибо поэзия всегда указует эту дорогу – вверх, к небу, к свету, и открывает, что человек никогда не станет человеком, пока не пойдёт по этому пути, начертанному Богом для всех, кто только на земле воистину пожелал быть людьми.

Только пережитая нами истина способна тронуть другое сердце. Г. Кружков, рассуждая о переводе Шекспировского «Короля Лира», говорит, что лучший – это Пастернаковский перевод. Он окрашен всей особостью выражения Пастернака, но: «не вложив своего, нельзя дать новую жизнь чужому».

Это правило касается и поэзии, и проповеди, и науки. Сколько бы цитат из Канта и Платона ни приводил умник, он так и останется умником. А Антоний Сурожский или Иосиф Бродский могли рассуждать даже о движении трамвая, но их слова были приобщены вечности и полны сути и красоты.

Поэзия расцветает там, где люди живут высоким. Там же, где думают о том, что есть, что пить и во что одеваться, и мысль не простирается дальше забот и страстей. Подлинная же поэзия – это ещё и весть, что мы пришли в этот мир жить радостью.

Посмотрите на лица наших современников, даже и богатых, и вы увидите в них многопопечение и тревогу. За века христианство предложило два выхода из этого мрачного состояния. Либо быть благодарным Богу за всё, как-то было у Ганса Христиана Андерсена или Гилберта Честертона, либо открывать свои мысли опытнейшим наставникам, которые помогут нам взглянуть на наши тревоги и страхи с неба, в свете доверия Господу.

Поэзия же – это знание, что небесный взгляд возможен для людей, и он один несёт утешение, — мы можем довериться Господу и в доверии обрести мир.

Роберт Фрост говорил: «Поэзия начинается с удовольствия, а кончается мудростью».

И мы бы сказали, – приводит к радости ощущать всё вокруг как милость Господню, как Его подарки, ни за что вошедшие в нашу жизнь, а просто потому, что любовь существует, чтобы дарить и хвалить. И в этой вести о жизни как свете, сказке и радости – одно из важных назначений настоящей и высокой поэзии.

О стихе

Поэт не случайно обращается к тому или иному ритму, размеру и строфике. Он выражает ими музыку мироздания. Когда же поэт пользуется классическими размерами и в его стихе присутствует рифма, это говорит, прежде всего, о том, что он умеет ощущать бытие как гармонию, как единство.

Если без рифменная американская поэзия второй половины XX века выражает идею тотального одиночества человека, то небесную музыку рая невозможно передать, не соблюдая строгий размер.

Музыка стиха есть продолжение музыки сердца, выражение способности автора услышать суть, логосы творения, благодать, вложенную в мироздание. Поскольку Бог творил этот мир хорошо, то и стихи, если созвучны миру, тоже звучат «хорошо». Такой стих одновременно открывает и умножает в бытии красоту.

Небесная поэзия

Настоящая поэзия есть песня веры, даже если великий поэт не верует или не ведёт церковную жизнь. Поэтому такая поэзия перерастает всё национальное, всё свойственное определённой стране или веку. Сейчас только немногие ценители истории знают хронику событий Рима времён Овидия, Италии Данте, Америки Уолта Уитмена или даже Англии Диккенса, Честертона и Льюиса. Смертны страны, смертны народы и смертно само время, но слова благодати бессмертны потому, что источник их – это Бог, Который вдохновляет людей на земле жить только для неба. Ну, а небо, как известно, не умирает...

День языка

6 июня – день рождения Пушкина, и, одновременно, день русского языка. И это не случайное совпадение. Ведь язык, хотя и служит для выражения всякой мысли и чувства, живёт прежде всего, своей высотой. Или всё, что в нём высоко – причастно вечности, потому что невозможно без благодати.

Когда мы слышим мерзкую брань в автобусе, то стоит лишь хулигану выйти, и сама жизнь забывает о нём. Его слова не имеют никакого продолжения ни в истории, ни в вечности. То же бывает и со всяким пустым, незначимым словом. Когда какой-то бухгалтер спросил Довлатова, как случилось, что тот стал писателем, Довлатов возмутился и стал спрашивать, как случилось, что его вопрошатель стал бухгалтером? То есть, зачем он тратит жизнь на нечто второстепенное, когда мог бы своей речью и жизнью умножить свет?

Каждое слово, за которым стоит пережитая боль, умножает бытие, становится соединением истины и красоты. Любовь требует слов. Любовь требует песни. Поэтому все наши великие богословы – прежде всего – поэты. Ведь о своей любви хочется петь, а не классифицировать её, проверяя гармонию алгеброй.

Однажды некий молодой, любознательный человек спросил старого поэта, как можно читать стихи Пушкина (и вообще поэтов) и выискивать в них идеал, если у столь многих поэтов было столь много недостатков. В пример он привёл знаменитое «Я помню чудное мгновенье/ передо мной явилась ты». Он удивлялся, разве можно так высоко говорить о совершенно обыкновенной женщине, которой посвящены эти строки? И старый поэт объяснил ему, что дар великой поэзии, великого слова в том и состоит, чтобы за тем, что видно каждому, прозреть внутреннюю сущность бытия, которая вся создана Богом красивой. Говоря о девушке из стиха столь высоко, Пушкин видел замысел Господень о ней, и в этом замысле она (как и каждый из нас) была неизъяснимо, небесно прекрасна. И именно это было правдой о ней, и правдой большей, чем все её романы с какими-нибудь офицерами. Подобно, как в Марии Египетской мир видел блудницу, а Господь прозревал стремление в высшему и красивому, которое, будучи понято ей превратно, толкало её в грех. Господь видел, что Мария Египетская и в грехе искала Христа больше, чем иные в храме (хотя до времени она не осознавала о Ком тоскует на самом деле). Потребовалась вся зоркость Богоматери, чтобы в великой грешнице углядеть великий о ней замысел красоты. Это и есть поэзия в чистом виде. Это и делает поэт. Это делает любящий, мудрый и переживший боль. И для этого, прежде всего, и нужен язык – чтоб сказать каждому встречному, сколько много Небо верит в него...

Миф и поэзия

Алексей Лосев трактует миф как чудо. Но откуда у носителей древнего, мифологического сознания понимание мифического чуда, как установления подлинных законов бытия? Не есть ли это древнее Адамово ощущение мира, как непрекращающейся чудесности, которую сообщает бытию благодать? Во всяком случае, христианское ощущение жизни как чуда рождается именно в этом.

Продолжая, Лосев говорит: «Миф не есть ни схема, ни аллегория, но символ». И в христианстве, где всё символично, символ не изображает, но являет небесную реальность. Древний же миф есть ещё и некий символ истины, которую великие древние, по выражению Иустина Философа «постигали, но темно».

Джон Толкин говорит, что миф, это то, что люди придумали об истине. Добавим, и то, чем они выразили своё ощущение, пусть неведомого, но идущего к ним Истинного Бога. Без этого касания Святого Духа невозможно было бы на вкус оценить, что есть правда и какие образы правдиво передают суть бытия. Можно сказать, что миф есть попытка проникновения в сокровенную суть бытия, выражающуюся в неких образах. И в этом миф сроден поэзии, которая тоже есть дар проникать в суть и умножать красоту там, где часто бессильна логика. В творческом, а равно, и в мифотворческом акте, человек, имеющий дар проникновения, говорит то, что не является выдумкой, хотя и облечено в образы.

Так, Дон Кихот, хотя и не существовал в эмпирической действительности, но и не выдуман. Он есть выражение одной из граней великой, мирообразующей истины, которая и есть Бог. И человек, в меру своего прикосновения к Богу, может говорить о бытии так, что его слова совпадут с духовными законами мира, со взглядом Самого Господа. Как духовные законы овеществлены Богом в явлении физической вселенной, как благодать вложена в глубину всего сотворённого, так прозреваемая человеком истина (и благодать) облекаются в образы, которые становятся телом сути, телом истины. В таком отношении находятся поэтический и мифический образ к мирозданию.

Читающие

Читающий великую книгу открывает для себя в её внутреннем строе, в её образах, в её благодати тот факт, что человек может и должен расти вверх, где и есть настоящее его отечество. Книга в данном случае выступает гарантом не только того, что рост возможен, но и что лучшие люди земли уже прошли до читателя этим путём. И, всё же, читатель – не просто повторяет чью-то пройдённую дорогу. Его путь несомненно уникален и важен, как важна его личность. Просто прочитанное делает его мудрым и он, быть может, впервые, на уровне восприятия бытия, осознаёт, что никто преступающий заповедь Божью не может быть в этом мире ни свободен, ни счастлив. И тогда читатель больше не хочет заботиться о том, чтобы отстоять своё право греха. Нет, он видит это право, как падение, каковым оно и является. Он желает теперь познавать добро и зло не с позиций зла (к чему однажды нас призвал враг рода людского) но с точки зрения добра, единственно адекватной миру системы познания. Каждый желает ощутить свою неповторимость, значимость и величину в мироздании. Подлинная книга открывает, что великий человек не может быть грешником, не утратив при этом своего величия. Конечно, воздействие книги не морализаторского толка и читателя никто ни в чём на её страницах не обвинит. Но, вскрывая строками саму суть бытия, обнажая само духовное строение вселенной, книга являет ощутимо, зримо и верно всю красоту добра и всю неприемлемость зла. Касаясь сердца читателя благодатью, книга укрепляет его в добром выборе, который каждому приходится не раз совершать в своей жизни перед лицом соблазнительного выбора лёгких неверных путей. Светлые образы великой книги воздействуют на нас так же, как жизнь подвижников нашего большого мира, потому что и там, и там их добро укрепляется, возносится и воспринимается благодатью, каковая вообще поддерживает всякую красоту. И если можно представить себе читателя глухого к этому посылу преображения, то это будет либо законченный эгоист, либо сноб, либо один из тех многочисленных умников, которые часто заняты литературной и всякого иного рода критикой. Только они, закрыв великую книгу, остаются равными сами себе, потому что благодать никогда не живёт в том, кто во всём живёт для себя.

Книга, мир и читатель

Оптинские старцы предрекали, что скоро наступит время, когда церковь будет уберегать людей от пошлости через приобщение к высотам классической культуры. И это не удивительно, ведь всякое гениальное произведение уводит от привычного современного скольжения по поверхности, позволяет идти вглубь бытия. А возносящийся в своей душе до глубин, непременно отыщет там Бога, сияющего из любой подлинной красоты.

Культурная миссия церкви есть открыть людям мировую культуру как богоискательство, как умножение красоты, что есть одна из целей пребывания человека в бытии. Высокая культура противостоит поверхностному образу жизни, постороннему к глубинам бытия. Она учит искать настоящести и не удовлетворять себя никакой неподлинностью.

Человеку, читавшему Данте, Шекспира, Ремарка, Йейтса и Бродского сложнее пройти мимо Бога, чем потребителю из общества потребления, все запросы которого связаны с земным благом.

Ещё Лев Шестов писал, что один из ключей античной философии в том, что она различает полезное и хорошее. Полезное – это то, что нужно для примитивных нужд земной жизни, а хорошее – то, что необходимо человеку для вечности. Это интуитивное (явно открытое Христом) знание, что не хлебом единым жив человек.

Вечность – это не только то, что ожидает человека за смертью. Вечность лучится из всех клеток бытия, она сходит с неба и зовёт человека жить только ею. Но она же имеет и условие приобщения к себе, равно известное как Платону, так и святому Максиму Исповеднику. А именно: не отринув низменные земные попечения и страсти, невозможно воспринять в своё сердце вечность. Мера вечности в человеке есть мера его очищения. Мера света в его сердце есть мера света в том, что он создаёт и творит.

Великое искусство учит читателя хотя бы сердцем не приобщаться системе ложных человеческих отношений. Она помогает, живя на земле, желать неземного, отвергая идею всякого стяжания денег, славы, чинов, успеха. Такое отвержение стяжания по Максиму Исповеднику есть начало и необходимое условие пути, ведущего к истине.

Читавшему классику легче отвергнуться проницающей цивилизацию идеи стяжания и комфорта. Ему легче понять, что жизнь для себя не считается жизнью в подлинном смысле, но одна только жизнь для других.

Литература учит жить правильно? Нет – она вдохновляет так жить, открывая сами внутренние основания добра. Всякая истинная книга тайно говорит о Боге, нередко не словами, но благодатью, которая проницает строки великой книги.

Великие книги открывают мир земной как место служения и преображения. Читающему классику человеку труднее жить незначимостью и пустотой, ведь его сердце теперь полно совсем иными образами и вдохновением к новой жизни. Реализует ли читатель это вдохновение – зависит от него, но он теперь увидел, что жизнь несводима к поиску лучшего места в ней, что сам этот поиск – удел непричастных высоте и подлинной красоте.

Книга даёт верное зрение, которым можно правильно разглядеть жизнь, не с позиции ложных людских отношений и цивилизации статуса, но верным, небесным взглядом, который всему назначает истинную цену.

Читатель – соучастник автора в явленной истине. Поскольку истина не может быть предметом владения, но только причастия. Раскрытыми вратами книги шествуют равно и читатель, и автор, который столь же удивляется явленной через него красоте, как и читатель.

В книге находит своё выражение и опыт автора. Но этот опыт, помноженный на благодать, являет общемировое звучание, открывая глубокие смыслы, которые были неведомы и самому автору до момента написания текста. Опыт жизни приобретает оттенок пророчества, обобщения. Поэтому страсти гениального автора не могут полностью извратить великую книгу, хотя и могут прослеживаться в ней. Это похоже на то, как у любого библейского пророка были страхи и слабости, но благодать преодолевала всё это, давая им вдохновение служения. И писатель в благодати больше, чем вне создания текста. Здесь, впрочем, и отличие его от подвижника.

Подвижник, как и писатель, имеет дар вникновения в суть. Он получил этот дар не сразу, как писатель, а через долгий подвиг аскезы. И потому подвижник не теряет этот дар, ведь благодать всегда живёт в его сердце всегда, а не только в момент служения словом. И, несомненно, всякая страсть влияет на истинность и глубину текста, не давая благодати, подаваемой автору раскрыться так, как это могло быть, будь автор аскетом. Джованни Бокаччо говорил, что древние поэты следовали за Духом Святым. Зависимость здесь прямая – всё обуславливается не только даром, но и аскетикой. Чем светлее и чище сердце, тем больше света через него придёт в этот мир.

О катарсисе

Сопереживая трагическому герою, мы силой искусства приобщаемся Господнему замыслу о хорошем конце для добрых. Где же этот конец? В наших слезах, в том, как мы плакали над Гамлетом, как сочувствовали Дон Кихоту и героям Ремарка. И чем больше несправедливостей терпит герой книги, тем больше справедливости готовит ему наше сердце. Почему? Да потому что, слёзы сострадания ввели нас в кладовую Бога, где для каждого несчастного лежит только радость.

Так великие книги позволяют взглянуть на несправедливость не с земной, но с небесной точки зрения – как часть пути. Здесь слёзы вызывает не только земная судьба героя трагедии, но ощущение того, что он, как и мы, не брошен – он нужен Богу, и Бог уже вошёл в его и наши истории, незримо направляя сюжет нашего мира и нас – к добру. Это прикосновение Бога любви к нашим сердцам и жизням и вызывает слёзы катарсического очищения.

Культура и её боязнь

Вся творческая деятельность отцов заключалась в нахождении новых форм для благодати. Способность, с точки зрения неба, смотреть на современность, отвечать небом на её вопросы. Способность понимать происходящее глубже, чем большинство людей.

Именно к такой глубине взгляда и приводит человека классическая культура.

Современным православным нередко свойственна боязнь культуры.

Помню, как однажды я говорил с неким товарищем, который ругал сказку «Золушка», считая, что фея крёстная – это ведьма. «Ведь фей не бывает», – рассуждал он, – «а бывают ведьмы. Значит – она не фея, а ведьма».

Между тем, ещё Толкин писал, что в сказке возможно созидающее и доброе волшебство, которое направлено не на власть и владение, но является некой народной метафорой умножающего красоту творчества, способности людей светло преобразовывать окружающий мир.

Кроме того, фейри (волшебные существа), пришли к нам из ирландской мифологии, и давно уже стали не предметом веры, но персонажами фольклора, где живут не по законам языческой религии, но по закону легенды и сказочного жанра.

Но мой товарищ, будучи малообразованным, считал, что лучше вообще отказаться от сказок, если они не укладываются в его упрощённое видение мира.

Сами же святые отцы никогда не чурались культуры, видя в ней отблески небесного света. Поэтому церковь знает и святых поэтов, и писателей, и философов, и музыкантов.

Например, святой Григорий Богослов говорил, что дело монаха – молиться, читать классику и писать стихи.

В культуре христианин берёт всё то, что созвучно христианству, что рождено благодатью. Тот факт, что каждый человек несёт в себе образ Божий, говорит о том, что этот образ проявляет себя в мысли не только тех, кто прямо принадлежит церкви.

Всё, что в мире божественно прекрасно – от Бога, даже если автор никогда не задумывался об источнике своего дара. Как ни парадоксально, но это понимали даже те совершенно мирские люди, которые гнали и обижали настоящих поэтов и писателей. Так всегда и во все века поступали разные приспособленцы, которые в творчестве искали лишь рынок сбыта или славы или ещё чего-то земного.

Именно такие люди, например, выгнали из СССР поэта Иосифа Бродского, вся вина которого состояла в том, что он – поэт от Бога и потому не интересуется государством как таковым. Он не обращал внимания на советский строй и советский строй его в начале сослал, а потом выдворил из страны. Или пример гениального китайского философа Конфуция, которого в своей деревне считали глуповатым и странным, а между тем его философия стала образом жизни для миллионов людей на протяжении 2500 лет. Именно он придумал самое удивительное определение хорошего человека.

Дело было так. Однажды ученики сказали Конфуцию, что об одном человеке все в деревне говорят хорошо. «Это плохой человек», – ответил Конфуций. Тогда ученики сказали, что о другом человеке все в его деревне говорят плохо: «Это тоже плохой человек», отвечал Конфуций. «А кто же тогда хороший?» – спросили ученики. Конфуций отвечал так: «А хороший тот, о ком хорошие люди говорят, что он хороший, а плохие говорят, что он плохой».

Ничто настоящее, ничто причастное Богу не умирает, даже если многие люди забывают о высоте.

Один финляндский священник сказал, что материализм, это когда людям не интересно ничего, кроме того, где что можно купить подешевле.

Поэтому в нашем мире благо не только то, когда кто-то прямо говорит о небе, но и то, что помогает захотеть на это небо взглянуть. Искусство, философия, литература, поэзия.

Всё высокое в мире возможно только благодаря Богу, и люди, которым для счастья мало только еды или денег, ищут его во всём, часто не понимая, чего они ищут.

Данте говорил: «Я поднял глаза к небу, чтобы увидеть – видят ли меня?». Искусство есть ещё и возможность поднять глаза к небу, оторваться от земных забот и жить той высотой, для которой мы и родились людьми.

Господь в жизни писателя

Бог действует в наших жизнях, как и в жизни писателей, не только тогда, когда они о нём думают – но постоянно. Он ведёт наши пути к хорошему концу, постепенно очищая сердце, а значит, и то, что человек делает.

Всё это отражается в судьбе писателя.

Так, например, ранний Бродский был заносчивым человеком, но годы ссылки и всевозможных несчастий, а особенно его знакомство с христианским поэтом Анной Ахматовой, привело его к мысли трудиться над своими словами и делами.

Однажды, когда его спросили: «Над чем вы работаете?», он отвечал: «Над собой».

И в зрелые годы в нём друзья замечали постоянный самоконтроль. Поэт старался подавлять в себе и неприязнь, и раздражение. Выслушивал людей, даже когда они были ему скучны. Выслушивал там, где его друзья признавались, что у них бы не хватило на это сил.

Или пример другого великого поэта Александра Блока.

Влюблённость и страсть не утешают душу – её утешает только Бог. Постоянное, непрекращающееся мучение Блока – это мучение человека о своей ненастоящести без Бога, но не понимающего, в чём причина этой ненастоящести. «Глубокая трагедия Блока в том, что он принял за Бога вечную женственность, а не Христа». Очень многие принимают что-то или кого-то за Бога, но Блок был честен в этой муке, не будучи причастен настоящей жизни, он всегда говорил о себе как о мёртвом, это – поразительная честность. Выбирая идола, он говорил, что выбрал идола, а не Бога.

Революционером он объявляет себя именно потому, что чувствует – всё вокруг ненастоящее (о православии он тогда не думал) и решает, что революция как-то сожжёт всё неподлинное – придёт новая жизнь. Объявить себя революционером означало порвать с множеством знакомых и товарищей, но для Блока то, что он принимал за истину, было важнее его самого. И это доброе расположение в поиске настоящего конечно же знали на небе. О революции он пишет поэму – «12». 12 – поэма человека, имеющего талант, но вдохновлённая темнотой.

«Мертва духовно, но проникнута поэзией» – говорил о ней Борис Зайцев. «Гениальное кровавое пятно», – сказал Николай Гумилёв.

Поэма демонична, как некоторые стихи Лермонтова. «В красивые формы он облекал ложь и этим делал её ещё более опасной». И Господь оградил Блока от того, чтоб тот, увлёкшись новой страстью (революцией), так явно служил талантом тёмной силе (и до того враг действовал на его жизнь, и, конечно, на его стихи, через его страсти). Несколько дней после написания «Двенадцати» Блок слышал шум, а потом дар слышать суть мира, дар вникновения (вообще-то, присущий каждому человеку, а не только поэту, но слышанье и вникновенье только по мере того, насколько человек с Богом) исчезает у Блока навсегда.

«Почему вы не пишете стихи?» – спрашивали его. «Потому, что никаких звуков больше нет».

Идя по Петербургу с Чуковским Блок обратил внимание того на пушечную канонаду и сказал: «Для меня и это – тишина». «Было бы кощунственно припоминать звуки рассудком», – сказал он. Это случилось с ним за несколько лет до смерти.

Блок не молился ни разу в жизни, но Господь поставил рядом с ним молитвенников за него: духовную дочь святого Нектария Оптинского и самого святого Нектария. Кажется, в последние годы стала молиться за сына и до того равнодушная к вере мама Блока. А если кому-то кого-то жалко, то с тем человеком всё будет хорошо. Это сказал святой Силуан Афонский, и история Блока – подтверждение этого.

Блок мучился всю жизнь, но за несколько недель до смерти его печаль по миру становится покаянием. И это – великое чудо Господне и чудо того, как всё становится хорошо, когда кому-то кого-то жалко. Блок просит найти и уничтожить все экземпляры и несколько дней подряд без перерыва зовёт: «Иисусе Христе, прости меня!».

Отпевали его в храме Воскресения Христова и похоронили на Смоленском кладбище. Надежда Павлович сразу сказала святому Нектарию Оптинскому о смерти Блока, и святой молился за него. Много может молитва праведника и всё случается хорошо, когда кому-то жалко кого-то, и через несколько дней святой передал для мамы Блока: «Пусть не беспокоится, он в раю».

Не только великие писатели, но и каждый человек предназначен для того, чтоб умножать собой и своими делами красоту. И здесь есть связь автора и аскезы – чем чище сердце, тем более прекрасные вещи мы способны создавать.

Охранники из Эрмитажа рассказывали, что по ночам в залах с картинами им страшно, но есть только один зал, где им хорошо – тот, где висят полотна Рембрандта. Светлые, мудрые и чистые картины.

Господь направляет путь каждого к добру, особенно, если человек пускает Бога в свою жизнь. Тогда даже ошибки человека Господь обращает в заботу о нём.

Так, христианский писатель Честертон, раздражился в жизни всего один раз. Он от злости толкнул собеседника, но тотчас сам упал и сломал себе руку. То есть, его настолько хранили ангелы, чтоб он мог сразу понять, что ошибся.

Некий русский писатель говорил, что некоторое время ему приходилось жить в весьма стеснённых обстоятельствах. Однажды друг сказал ему выйти на дорогу, чтобы он передал писателю сумку с едой. Мать попросила по пути купить пару килограмм картофеля. Писателю стало жалко денег, и он ответил, что купит только если она даст ему на это 50 рублей. Но, когда он получил от друга сумку, то там кроме крупы и картошки было ещё и 500 рублей. Та сумма, которую Господь через друга ему подарил, и которую, только в десять раз меньше, он должен был бы, по справедливости, потратить по маминому поручению. И он понял тогда две вещи: что виноват перед Богом и что Господь заранее приготовил ему десятикратное возмещение тех 50 рублей, которые он должен был бы истратить…

Поверхностное чтение и глубина

Виктор Лега: *«Преподобный Иоанн Дамаскин пишет, что прежде всего надо изучить античную философию, потому что если что-то благое есть у них, то оно даровано людям свыше, от Бога».*

Те из верующих читателей, кто не имеет мудрости, способны считать произведение христианским, только если там прямо говорится о вере.

Но они не видят смысла существования классики – (от лат. classicus – образцовый), в широком смысле «показательный, характерный, типичный»; возникший в таком виде. Классика, по учению святых Иустина Философа и Иоанна Дамаскинаа тем и «классична», что она являет христианство на уровне онтологии мироздания; само бытие являет как христианское.

Так, многие не видят христианский смысл в толкиновском «Властелине колец» только потому, что он залегает в этой книге глубже поверхности.

О великом свойстве великих книг

У Бориса Зайцева после посещения Валаамского монастыря родилось некое удивительное ощущение, которое он передал в рассказе о поездке. Он написал, что сердце, коснувшись благодати, начинает видеть мир иначе. Внешне в мире остаются всё те же трудности: экономические, политические, социальные и наши личные. Но, глубже этого – всё хорошо. Так же действует на читателя и благодатная книга настоящего писателя – она даёт нам посмотреть на нашу жизнь глубже боли, небесным зрением, и увидеть, что у Бога для нас приготовлены только любовь и радость.

Разделённость и целостность человеческой жизни и творчества

Человек, живущий вне истины и церковных таинств, воспринимает мир как серию эпизодов, как разорванность и разобщённость.

Таков, например, европейский романтизм, с его противопоставлением филистера (мещанина) и художника. Но и в жизни художника, творца, так же наблюдается ряд противопоставлений. Вот он блаженствует, когда пишет стих, а вот мучается, когда жена просит у него денег на башмаки.

Приобщившийся благодати человек не таков – он живёт вне разделений на мысль и веру, опыт научный и духовный, художество и работу, даже на быт и высоту. Всё это существует в его жизни как потоки единой реки служения Богу и людям, умножения света и преображения себя и бытия. Потому он и чай наливает, и котлеты жарит, и подметает полы, не выходя из высоты жизни, и не опускаясь в низменное. Всё в нём одинаково высоко, важно, драгоценно, ибо всё устремлено к Троице.

Одна художница-иконописец говорила, как важно иконописцу иметь собственный сад, чтобы трудиться в нём. Василий Великий не стал учреждать монашеские ордена с разделением специализаций, как это практикуется в католицизме, где одни монахи заняты проповедью, другие переводами, третьи наукой и так далее. Для святого Василия всё это существует в нерасторжимой связи. Святой каппадокиец, предвосхищая настрой титанов Возрождения, утверждает своим уставом христианской жизни, мысль об универсальности человека и всеобъемлимости его трудов, где мирно уживается всё: от выгуливания собак и помощи нищим, до решения высочайших задач творчества и науки. Всё это, к тому же, существует в любви и имеет целью выражать и дарить любовь, а также восхищаться Богом и каждым любимым, которые достойны хвалы в нашем сердце. И хвала эта выражается различно – от приготовления обеда для близких, до благоговейного предстояния им как святыне. Всё это, все эти действия – и есть творчество человека как образа

Божьего, творение новой красоты, лучащейся истиной и благодатью. Потому христианин, даже обыкновенный чай наливает своему другу в кружку эпически, причастно вечности, как причастно ей всё высокое, что пришло в бытие по любви.

Предел зрения

Великая поэзия есть возможность произнести предельное суждение о неком аспекте бытия, в котором без труда узнаётся голос Господень, сильный дать людям прежде Страшного Суда узреть убожество властного богача и ничтожность начальствующего фарисея – хотя на их стороне СМИ и вся мощь зла целиком. В зрении Божием мы видим, и как вне воли зла на земле прорастает добро, и как велики добрые, бывшие для всякого гордеца сором земли.

Стих даёт узреть те царские одежды, в которые Бог одевает душу доброго человека.

Существуют ли национальные литературы?

Литература делится на национальные лишь в том смысле, что каждая нация имеет особенный опыт осмысления некоторых сторон бытия, а также опыт истории и культуры. Однако в собственном смысле литература делится, по слову Льва Толстого, на посредственную, плохую, неплохую, хорошую, а потом идёт бездна и после неё следует литература настоящая, та которая создаётся по дару великой синергии человека и Бога, когда автор получает пророческую возможность прозревать сокровенные глубины бытия, видеть духовные законы, по которым существует мир и творить новую красоту в соответствии с открывающейся ему истиной. Возможность такого зрения не является заслугой только великой литературы. Подвижники христианства идут к ней годами трудов. А великий писатель получает её сразу, или в момент, когда Господь вручает ему дар (как это было у сорокалетнего Уолта Уитмена). Этот же дар вникновения приобретает и всякий мудрый и страдающий человек по мере получения им благодатного опыта не только смотреть, но и видеть.

В день Пятидесятницы Дух Святой равно выразил Свою волю передать себя всем народам, соединив их в Церковь. Так и великая литература делится на национальные с той же мерой условности, как Предание можно для удобства изучения поделить на литургическое, каноническое и так далее. Но в сути своей Предание – есть Дух Святой, действующий в церкви. Точно так мы можем дать определение и классической мировой литературе, сказав, что она есть способность людей запечатлевать благодать Троицы в слове. И всё дело в том, имеет ли человек этот дар запечатления или нет. И тут, повторюсь, что такой дар может иметь не только писатель классик, но и всякий, кто воистину принял в своё сердце благодать Божию. Ибо одна только благодать, её присутствие в тексте, говорит о том, что перед нами подлинная литература, которая будет спасена вместе с её авторами, как об этом говорит Старец Софроний Сахаров.

Сказка как новое зрение

Великая сказка обладает возможностью не просто привести человека в церковь (это могут сделать и родители) но открыть ему мир, как церковь. Ибо, что есть церковь как ни совершающаяся наяву сказка? И что есть наша жизнь как ни то же самое? Но, к несчастью, большинство людей живёт в неком современном реалистическом романе, в котором нет места непрестанному ликованию о бытии.

«Дух Святой веселит младенцев», – пишет Силуан Афонский. Сказка и делает взгляд человека младенческим в том смысле, что вся земля видится ему благодатным чудом. И так сказка (а равно и стихи), по слову Ирины Гончаренко «обдувает пыль с нашего восприятия мира», открывая бытие как великую красоту, где путь добрых никогда не будет напрасным, и где, не смотря на всю мощь зла, побеждает добро.

О писателях и о Духе

Есть высокие, созидающие красоту люди, которые по какой-то причине не пришли в церковь (допустим, в силу исторических причин), но в словах и творениях которых благодать сияла так явно, что чуткие их читатели и совопросники общаясь с ними и читая их обращались к Богу и Церкви.

О нравственном стержне женщин Чуковских, матери и дочери, размышляет архангельский священник Иоанн Привалов, с которым познакомилась и подружилась Елена Чуковская. Вот фрагмент его интервью.

«Может ли церковь быть в диалоге с людьми, которые, несомненно, духовные, высоконравственные, и в то же время принципиально не относят себя к церкви? Они не враждебны церкви, но и не хотят быть в церкви. Почему? – Тайна. Очень легко все списать на грехи церкви – «вот, они встретились с недостойной церковной реальностью». Но нет, и у Лидии Корнеевны были очень достойные учителя, друзья, начиная с глубоко верующей бабушки. Почти весь круг её общения был верующим. – Анна Ахматова, Борис Пастернак, Тамара Габбе, Александр Солженицын, Алексей Пантелеев – некоторые их них были церковными людьми, некоторые почти нецерковными, но все, так или иначе, верили во

Христа. Сама же она оставалась человеком неверующим. Я много думаю как раз вот об этой тайне её неверия. По складу, по всему, она должна была быть верующим человеком: она – человек, верующий в правду, в высшую Правду. И сама она иногда говорила загадочно, что «никто не знает, кто верующий, а кто неверующий». Лидия Корнеевна – для нас – иная, вглядывание в такие судьбы, вслушивание в дела, слова и поступки таких людей помогает нам понять всю сложность этого мира. Мы иногда не чувствуем, что есть тайна веры и тайна неверия. Не всё можно объяснить, доказать, исправить. Но вот то чувство неизъяснимой радости и благодарности Богу, которые живут во мне после встречи с Еленой Цезаревной и Лидией Корнеевной, углубило во мне веру в Бога и человека, подарило чувство непреходящего счастья».

Обратим на это внимание. В вере в Бога священника укрепило общение с неверующей женщиной. И это – не единственный случай в истории. Как тут ни вспомнить блаженного Августина, открывшего для себя Бога после прочтения сочинений Цицерона, бывшего вообще язычником.

Дело тут, очевидно, в том, что церковная жизнь даёт живущему ею человеку духовное зрение, видеть через небо всю землю. А потому такой, смотрящий через Господа человек, без труда обнаруживает, что та же самая благодать действовала и в не церковном авторе, приводя его к удивительным прозрениям и откровениям, укрепляя в умеющих видеть всё тот же духовный взгляд.

Именно о таких случаях святой Максим Исповедник писал, что Дух Святой может действовать различными дарами в разных людях, но как Обоживающий и делающий человека богоподобным, Он действует только лишь в тех, кто, находясь в православной церкви, старается жить подвижнически.

Писатель и богословие

Дороти Сейерс говорит: «Писатель не подчиняет пьесу богословию, а пытается выразить правду». Здесь слово «богословие» используется в значении схоластическом, морализаторском, когда некоторые писатели делают из веры иллюстрацию своего творчества и всегда получается криво. Подлинное святоотеческое богословие есть жизнь в Боге, опыт встречи, о котором говорят для того, чтобы и другой человек пришёл в ту же радость, что известна праведнику – жить в любви и видеть мир в лучах благодати Господней.

Для праведника весь мир пронизан богословием потому, что пронизан благодатью. Для него и свинья, и собака, и трава, и ветер – есть страницы книги о Боге, которые не мертвы, не статичны, но живы и вечно, подобно ручью святого Амвросия Оптинского, восклицают: «Хвалите Бога! Любите Бога!».

В таком постижении мира нет ничего, что лежало бы вне богословия, но выражает его прежде всего сама жизнь того, кто пребывает в Господе. А потому всякий жест такого человека, всякое сказанное им слово – есть богословие, ибо оно одновременно славит и являет Бога, Который льётся в бытие через сердца человеческие, открывшиеся Ему до конца.

Сказка и доверие

Сказка открывает читателю ту важную истину, которую редко сердцем знают даже и верующие люди – мы можем всецело доверить свою жизнь Богу, потому что от начала вселенной Он творил мир и всё, что было и будет в нём так, чтобы мы каждый раз и во всех историях обретали счастливый конец.

То, что Бог есть уже значит, что всё будет хорошо. Одно только это – что Он есть – является основанием того, что мы живём в сказке, и рассказчик знает, как вести нас в счастливый конец.

Глубины литературы

Одно дело – говорить об авторах, и совсем другое – жить ими и той красотой, которую открыли они.

Шмеман пишет: «На глубине, – пишет он в том же месте, – нет разницы между искусством «религиозным» и «светским». Подлинное искусство все из религиозной глубины». Великие книги целиком рождены в сотворчестве Бога и человека, в синергии, а потому говорить о нерелигиозности «Беовульфа» или «Илиады» можно не больше, чем о нерелигиозности сосны или дуба. И в том, и в другом случае основой красоты является благодать, без которой явление красоты на земле невозможно, впрочем, как и на небе.

Если богословие может быть не святоотеческим, схоластическим, оторванным от поэзии, то поэзия и искусство никогда не отрываются от богословия, где великие авторы выражают предельные истины бытия подлинным языком богословия, языком красоты.

Выражать словом истину – есть высокий дар, когда истина и красота неразрывны между собой. Потому истинная поэзия, способность творить – есть религиозная способность человека, основание которой всегда лежит в Боге. Творчество – грань Господня образа в нас, а потому оно есть явление божественной красоты.

Потому поэтические прозрения дают и автору, и читателю силу жить и радоваться. Они – всегда прикосновение Божие, удостоверяющее душу в грядущем счастливом конце.

Потому великие строки великих книг становятся важной частью жизни доброго человека. Они выражают глубины его личности и дают ему драгоценные минуты встречи с небом.

Богословие есть сочетание истины и красоты в одном. Потому Шмеман так сокрушался, что святоотеческое богословие было поэзией, а люди всегда стараются превратить его в науку. Святой говорит о Боге, Которого ощущает. То же самое делает и великий писатель – он говорит о том, как пронизан этот мир Богом и Божьим светом. И когда это стараются заменить ссылками, сносками и «научным аппаратом», то такое богословие недолговечно. Конфуций не создал систему сносок, но в его речах больше богословия, чем в таких трудах, потому что он и ему подобные гении ощущали мир как особое присутствие Божие, даже если и не знали доподлинно таких слов. Но они смотрят на бытие христианским взглядом, даже будучи язычниками. Это, воистину, «всё что добро – всё наше» (по Иустину Философу). Только совершенно глухой к благодати человек может отрицать всю эту высокую красоту, да и сердце красоты – только Бог.

Протопресвитер Александр Шмеман говорил: «Богословие без культуры – фактически невозможно». Большинству верующих людей кажется, что Бог как бы не существует во всём, что находится вне религии. Они далеки от мысли, что «Дух дышит где хочет» и, прежде всего – во всей красоте бытия: душ, отношений, творчества. Церковь обнимает мир и включает бытие в себя, но в сфере падших человеческих отношений она существует как закваска Духа, как возможность освятить падшего человека. Потому великие отцы церкви, борясь с грехами и пороками в плоскости ложных людских отношений, никогда не боролись с красотой потому, что знали – истинная красота всегда помазана Духом, а потому она вся во всех своих формах (включающих высоты культуры и мысли всего мира) – от христианства, от Христа, от Духа Святого. Бог уже сияет из красоты, и этот факт радовал отцов, а не пугал и не ужасал. Эти лучи фаворского света, разлитые по миру, нужно уметь различать. Но в этом и заключается святоотеческое сознание, чтобы вбирать в себя всю мировую красоту и знать, что на самом деле (часто тайно от её создателей) она вдохновлена Богом христианства.

Поэт, чувства, традиция

Поэт существует не для того, чтобы стихом выразить свои чувства. Они, эти чувства, как говорит Элиот, могут быть весьма плоскими. Да и что нового, например, в страстной влюблённости Китса в свою знакомую или Лермонтова в Варю Лопухину? И, всё же, созданные ими стихи об этом бессмертны. И причина здесь в том, что поэт существует для того, чтобы через произведение дать возможность себе самому и читателю прикоснуться к истине. Ветреность красавиц – дело обычное. Ирландцы когда-то даже говорили, что самое быстрое на земле – это красавица, меняющая своих ухажёров. Так будет до тех пор, пока искажение мира не разрушится во втором Пришествии. Поэт же смотрит на эту, общую для многих ситуацию, и видит её до глубины духовных законов, по которым всё в мире совершается. Он видит мир вплоть до воли Господней, сокровенной от всех немудрых. Поэт и делает её явной и так даёт немудрым возможность обрести мудрость, смотреть и понимать, обретать глубину и восходить к свету. Классика потому такова, что через неё читатель (и автор) касаются Духа, а Дух уже даёт ясность и правильность взгляда и помогает человеку раскрыть творческую способность как одну из граней Господня образа в нас, как возможность коснуться Бога и через это прикосновение умножить свет во всяком своём деле земном. Тогда и чувства поэта, а равно и читателя, служат этому прикосновению к Небу, а через это – преображению и возвышению нас к Небесному Иерусалиму, в обретении которого – край и предел высочайшей мечты всякого, сочетавшего мудрость и доброту человека.

Популярность скверных стихов

Томас Элиот пишет: *«Плохие стихи ненадолго могут приобрести популярность, если поэт выразил распространённую в данный момент точку зрения; но истинная поэзия не перестаёт быть поэзией и после того, как эта точка зрения меняется, и даже после того, как вопросы, вызывавшие у поэта столь страстный отклик, вообще больше никого уже не волнуют».*

Во все времена наибольшую популярность имели те однодневные произведения, которые в полной мере выражали характер страстей этой эпохи, народа, общества, социальной прослойки. Мелкая душа не интересуется вопросами, которые волнуют Джона Донна и Данте, подобно как умника аспиранта не интересуют ни писания Николая Сербского, ни даже Библия, ибо он подсознательно боится, прочитав всё это, обнаружить, что есть на свете люди значительно умнее его и даже обладающие мудростью, которой он лишён. Потому и умник, и эстет, и человек мелких страстей либо не обращаются в классике, либо обращаются к ней сверху вниз, с чувством превосходства, которое ничем не оправдано, но тешит их гордость. А потому все они столь же далеки от преображающего воздействия классики, катарсического очищения, как сектант далёк от истины, хотя и носит в кармане пижамы Библию. Высокое искусство, как и всё в этом мире высокое, существует для нашей радости, а не для гордо умных учёных споров о том, сколько раз в наследии Шекспира повторяется то или иное слово и как всё это следует увязать с новыми достижениями в области неофрейдизма. Подлинный творец создаёт шедевр для того, чтобы запечатлеть открывшуюся ему благодать, а не для каких-то иных целей, которые все представляются ему слишком мелкими, чтобы ради них обратиться к этой светлой грани образа Божьего в нас – создавать и творить.

Классик

Классик в литературе – то же, что святой Старец-наставник в религии. Он прозревает бытие до глубин и создаёт своим словом творческую красоту. А потому он, зная о величине своего дара, смирен по отношению как к дару, так и к подателю Даров, если только знает о Нём. Классик знает, что дар потому и зовётся так, что его нельзя достичь людскими усилиями. И потому он, каждый раз создав что-то великое, подобно одному композитору, говорит: «Это не от меня – это свыше!».

Классик – это полная синергия Бога и человека в том аспекте, в котором лежит дар этого человека. Такой дар Господь, в течение истории нашего мира, посылал людям разных народов, от древних египтян и греков, до наших современников. И каждый раз, действуя через язык своего народа и пользуясь культурой мысли и философией этого народа, классик помогает читающим его людям взглянуть на мир именно православным взглядом, даже если автор ровно ничего не знает об истинном Боге. И в этом указании на истину важная роль, которую классик исполняет в своей культуре и в культуре земной истории. Потому читая Конфуция, Ду Фу, Сайгё или Сей-Сёнагон мы так много понимаем о том, как именно Бог являет себя в бытии, истории и жизни людей.

Эмиграция и литература

Святой Иоанн Шанхайский говорил (как ранее и Серафим Саровский), что роль эмиграции из России после революции – промыслительна. Она в том, что через белоэмигрантов православие распространилось по всей планете во всей красоте святоотеческого осознания себя и мира. Так святой рассуждал о первой волне эмиграции – революционной.

Быть может, роль третей волны эмиграции (Бродский, Довлатов, Синявский), была в том, чтобы через неё Бог обратился к тем людям, которые пока ещё не умеют мыслить о духовном непосредственно, но могли бы ощутить Бога сквозь русскую классику. Такой подход к красоте как к месту встречи с Богом не свойственен западной цивилизации, но именно его принесли с собой писатели эмигранты. Так тот же Бродский всю жизнь в Америке проповедовал пророческую роль истинного поэта, чем обращал сердца слушателей к высоте больше, чем нудные протестантские проповедники. Для запада поэт – филолог или профессор, а Бродский и другие русские писатели принесли Америке совершенно там забытое библейское отношение к слову как к святыне, которая может вместить в себя благодать Господню.

Размышления о поэзии и прозе

Высокая поэзия есть богословие потому, что стих есть либо обращение к Богу обращённость сердца к той благодатной красоте, которую Бог вложил в творение. Поэзии всегда есть чем восхищаться и что славить, даже в том самом стихе, где она обвиняет и ругает. Ибо подобные обвинения поэзии есть то же, что обвинение еретиков там, где мы наслаждаемся красотой боготканых догматов. Потому истинный поэт в своём славословии следует туда, где ему сиял Дух Святой.

Великая поэзия не может быть светской. Она есть явление церкви в том смысле, в каком явлением церкви и христианства оказывается вообще всякая на земле красота. По принципу Иустина Философа: «Всё, что добро – всё наше».

Только тогда мы можем в полноте выразить состояние своей души теми или иными великими строками, как в полноте выражаем её молитвой. И там, и там смысл в том, что нас слышит великий Бог. А такое слышание, как мы это предчувствуем, Он никогда не оставит без того, чтобы подарить радость всякому, кто к Нему обратился.

Шмеман пишет: «От *эмиграции*, от всей ее полувековой истории останутся, как ни странно, те, кто остался внутренне от неё свободен, отстранён и кто делал *своё дело*».

Но так и повсюду в мире в вечность ещё на земле переходит лишь то, что было внутренне свободно от всякой суеты, налагаемой на человека временем. Подобно тому, как Феофан Затворник учит, что можно и носки штопать, но при этом смотреть на Бога – и тогда наше простое дело будет причтено к вечности. Никакие попытки самоутверждения (часто завуалированные под словами о благе классов, людей, стран) этого обращённого к небу взгляда заменить не могут. Может быть, особенно остро это видно в истории церкви и литературы.

Всякая красота имеет своим источником Бога, а потому является зримым продолжением богословия, самим богословием, ибо приводит доброго человека к хвале, которую он обращает к Тому, Кто виднеется сквозь культуру, музыку и книгу.

Потому творчество есть зримое богословие, исполнение назначения человека на земле, как того, кто пришёл в бытие умножать красоту в себе и вовне.

Назначение человека – преображаться и преображать. Человек не мог жить вне назначения, но от падения Адама эта его способность была повреждена, и только приход Христа и сошествие Духа дали людям возможность быть теми, для чего они сами сотворены. И теперь спасаемый человек спасается со всей, сотворённой им красотой. Ибо всё, что причастно Духу, умереть не может.

Можно сказать, что творчество не нужно для жизни. Что нам даст, например, балет или умение расставить цветы в комнате так, чтобы они радовали глаз? И здесь мы можем применить к искусству слова Клайва Льюиса о дружбе, которая, как и искусство, тоже не нужна для биологической жизни, но она из тех вещей, без которых сама жизнь не нужна, если только мы имеем в виду жизнь достойную того, чтоб её прожить.

Творчество – есть вся жизнь. Человек творчески воспитывает детей, подметает полы и ведёт машину. Но не о всяком творчестве мы можем говорить так, а лишь о том, которое направлено не на унылую самореализацию и самоутверждение, а на радость любимых людей. И тем самым такое творчество смотрит на Бога, в отличие от всяких иных эгоистических творчеств, которые умирают, так и не родившись.

Бог не отрицает красоту того, что творят людские сердца и руки, ведь во всей красоте сияет именно Он, наполняя Собой все те виды и образы красоты, которые существуют. Сотворив бытие, Он допустил быть существам, которые не являются Им. И творить им те вещи, которые Он не творил. Но при этом красивым бывает лишь то, куда человек по своей воле допускает Его, Бога любви, и лишь то, что полнится Его светом, красиво по-настоящему.

Поэзия дружна с богословием вот ещё по какой причине. В святоотеческом понимании быть богословом – это не значит быть учёным, но тем, кто либо видит Бога, либо явно чувствует Бога в себе и в особом, благодатном проницании Богом всего бытия. Это чувство рождает в богослове ликование и благодарность, а они, в свою очередь, молитву и песню. Потому Бокаччо и говорил, что всякий истинный поэт есть богослов, а всякий истинный богослов есть поэт.

Мысли мудрых читателей о литературе

Сказка нежно учит жизни и в этом она подобна материнскому сердцу святых отцов.

Одна девушка определила культуру как выражение опыта богообщения, даже если сам автор не осознаёт этого. Ольга Данченкова определила литературу как «увековеченную жизнь», когда мы через литературу начинаем видеть предельную важность и жизни и своего богозначительного назначения в ней. Ещё одна читательница говорила, что «литература – это источник информации, который обогащает внутренне читателя, если несёт в себе свет и написан с высшей целью – возвести человека к Богу».

Антоний Сурожский говорил, что прежде, чем стать святым, нужно стать человеком. И литература помогает идти к святости, потому что помогает человеку становиться человеком.

Елена Шевченко высказала мысль, что Церковь и христианство делают литературу причастницей вечной жизни. Даже если автор не знает об этом.

Мария Болдырева заметила, что главное – это какой след книга оставляет в душе после прочтения. На вопрос «что даёт литература человеку» она ответила: «Окрыляет».

Никита О. пишет, что смысл искусства: *«В созерцании красоты мы сердцем обнаруживаем Божий промысел в этом мире. Поэтому и культурная миссия церкви – это ещё одна грань Бог опознания, Богосозерцания».*

Сергей Фудель говорит: «Можно приблизиться к вере или укрепиться в ней через некоторые стихи Лермонтова, Тютчева, Пастернака или Блока. Я уже не говорю о Достоевском или Лескове. У меня был близкий человек, просидевший год в одиночке с книгой Достоевского и сделавшийся за этот год из неверующего верующим. О Брэдбери кто-то сказал, что у него апокалипсическое прозрение Запада».

У него же есть важная мысль, что страницы Достоевского или Диккенса способны в большей мере явить силу христианства, чем учёба в семинарии. Несомненно, потому, что высокое творчество даёт человеку возможность коснуться лежащей в творчестве благодати и этим непосредственно явить красоту веры и истины.

Вполне в духе Василия Великого Фудель пишет, что «любить искусство нужно так же, как любишь людей, то есть, любя, не воспринимать их недостатки», и всё то, где автор затемнил или исказил звучание творческой благодати, звучание Духа. О подобном явлении искажения говорил и протопресвитер Александр Шмеман в отношение Иосифа Бродского, что у последнего «много стихов от ума, слов ради слов, которые никак не выражают предельную истину. Но, – рассуждает далее Шмеман, – Бродский, несомненно, гений, и потому у него есть и высокие, наполненные Духом строки, где тот явно выражает суть, красоту и свет». Это совсем не обязательно строки на христианскую тему, но в таких строках само мировидение раскрывается читателю и автору именно в его христианской мудрости и глубине.

Благодать освящает людскую мудрость. Освящает она и всякое людское творчество. Вот что пишет об этом Сергей Фудель: «О сочетании общечеловеческого знания, или "мирской премудростью", с премудростью Божественной лучше всего сказано у Варсонофия Великого, подвижника VI века и апостольской веры. Ты не должен обращать внимания на одну только мирскую премудрость, ибо если человек не имеет данной свыше духовной премудрости, то бесполезна ему первая. Если же имеет и ту, и другую, то таковой блажен».

О соотношении пользы и творчества

Человек (если только он не болен какой-нибудь ложностью) творит не для того, чтобы выразить ту или иную точку зрения, в том числе и христианскую. Будучи христианином по природе, по образу Божьему, он творит потому, что создан умножать красоту и создавать новые формы, вмещающие в себя благодатный свет. Потому культура не нуждается в оправдании, так как она есть раскрытие творческой грани образа Божьего в нас. Но это относится только к тому, чего в людских делах и словах касается Дух Святой, или, точнее, чему автор позволил коснуться Духу Святому, Который всегда столь кроток, что не идёт туда, куда его не зовут.

Потому столько много личных и творческих неудач терпели Л. Толстой и Н. Гоголь, что им однажды показалось, что искусство должно быть оправдано какой-то иной пользой: для первого счастьем народа, а для второго религией. Другой пример – Пушкин, который не искал посторонних оправданий творчеству, инстинктивно ощущая, что творчество есть выражение сути человека как творения Господня, и никакого более высокого оправдания и придумать тут невозможно.

Роли литературы

Сергей Аверинцев писал: «История литературы, – не просто предмет познания, но одновременно шанс дышать «большим временем», вместо того чтобы задыхаться в малом».

Какой бы ни была эпоха, тот, кто ходит по миру со Словом в заплечном мешке, знает, как много всюду тех, кто стремится к свету, пусть пока и не имеет достоверного знания о том, куда должен привести этот путь. Приёмный сын Льюиса даже говорил, что молодые люди, ищущие истину – это всегдашняя надежда для мира. И тут великие книги приходят им на помощь как свидетели никогда не умиравшей на земле традиции – традиции поиска Бога и приобщения к Нему. «Книги не выложат сразу всего», – писал Брэдбери, призывая искать везде: в улыбке друга, пешей прогулке, рассвете и дереве. И там везде – Он, как запечатлено в одной из аграфа: «Расколи кусок дерева – и Я буду там, подними камень – и там найдёшь Меня». И Господь умеет направлять нас к истине через открывающуюся нам красоту. Кого-то поразят строки «Комедии» Данте, а кого-то литературоведческие статьи Ольги Седаковой, кто увидит Господень свет в книгах Брэдбери, а кто в биографии Диккенса. И благословенна вся эта множественность красоты, потому что в раю нам будет, чем поделиться с каждым обретённым другом, когда мы будем где-нибудь на тропинках преображённого леса новой земли вспоминать, как мы шли сюда и как дорожили на пути всем, в чём обитала правда.

О чистой мудрости древних сказаний

Святой Иустин Философ говорил, что любой язычник имеет в себе внутренний закон совести, согласно которому может жить. Там, где язычник живёт, по совести, он следует воле Господней. И там его мысли находятся в русле истинной веры. Поэтому древний эпос полон удивительных прозрений и важных наблюдений. Такова и «Старшая Эдда», собрание сказаний древних германцев, к которым относятся и викинги.

Тут читатель найдёт мудрость, которой не постыдился бы и Габриэль Маркес или Ремарк. От простых житейских советов, вроде «хуже нельзя в путь запастись, чем пивом опиться» до поразительных прозрений, как «а злой не во всём нехорош».

Читая эти сказания, понимаешь, что человек не может жить злом и смысл его бытия только в добре.

По мысли Толкина мифы, это то, что люди придумали об истине. То есть, постигая в своей совести истинное положение дел во вселенной, они создавали сказания, в которых старались отразить красоту именно горнего мира, который и они в какую-то меру предощущали. Это единство понимания добродетели в неких ключевых её аспектах мы встретим в разных сказаниях и у разных народов, и оно говорит о том, что добро и зло – это не то, что придумали люди. Добро всегда и везде ощущается как добро (кроме, как пишет тот же Иустин Философ, людей, испорченных неправильным воспитанием), а зло всеми ощущается как зло. Ложь, трусость, предательство, обиды, причинённые другу, соблазнение чужой жены, клятвопреступление – всё это ненавистно не только христианину 21 века, но и древнему германцу.

Христианин знает об источнике добра. А древний германец не знал об этом. И, кто знает, может быть, случится так, что подвиг живущих по долгу языческих германцев перед Богом в некоторых случаях будет выше подвига христиан. Ведь это подлинный героизм – жить как христианин, если ты никогда не слышал о христианстве. И не только жить, но и защищать то, что тебе предельно дорого просто потому, что ты знаешь – именно так должен жить человек, который ступает по земле в вечность.

Творчество прозрений и творчество развлечения

Литературовед Ольга Седакова, которая много общается с западноевропейской интеллигенцией, замечала, что на вопрос каких поэтов они читают, люди отвечали, что читают Томаса Элиота, Мандельштама, Шекспира и тому подобных авторов. «А из современных поэтов, после Элиота?» – допытывалась Седакова, и ей отвечали, что всё это современное слишком субъективно.

Культуролог Ольга Данченкова говорит, что субъективизм – это когда человек не берёт в расчёт, что помимо твоего сознания существует объективная истина. То есть, когда пишущий человек живёт не Богом, не Его красотой, а собой, то он оказывается страшно ограниченным и не может породить из себя ту красоту, которой без Бога в себе не содержит. Потому он бунтует против прекрасного и высокого, и потому его строки, по выражению античного классика «Не проживут и трёх дней», как и всё на земле, что не открылось небу и не коснулось сути...

– Что нужнее всего писателю?
– Воображение! – отвечает на это современная культура Запада (начиная, примерно, с эпохи Просвещения.

Но вот Рабиндранат Тагор пишет: *«Прекрасное – отнюдь не плод необузданной игры фантазии»*. И далее он говорит совершенно неизвестную Западу вещь, что основой прекрасного является аскетическое воздержание.

Как «по православному» звучит эта мысль! Ведь действительно: «Слова – это детки души» (святой Климент Александрийский), и только от чистоты души и зависит чистота слов писателя и поэта.

Современный человек западной культуры воспринимает литературу как повод для развлечения или как игру аспирантов-филологов, присущую их интеллектуальному кругу и никому кроме них не интересную

Библия открывала совсем иное восприятие литературы – как пророческий или назидательный труд, существующий чтобы возводить читателей и слушателей на высоту понимания, открывать им глубину жизни и вкладывать в них более глубокие смыслы, чем были свойственны им до соприкосновения с произведением. Именно такой была в целом литература Древнего Востока, и шумерская, и вавилонская, и древнеегипетская. Такой же была и литературная традиция древних иудеев, сложившаяся в Ветхий Завет.

Принято считать (и не без оснований), что западный человек читает страницы книги для развлечения, а восточный – чтобы найти и удержать истину в сердце.

Впрочем, и на Западе, конечно, есть читатели истины, ведь невозможно поверить, чтобы Габриель Марсель, Симона Вейль или Шарль Пеги читали просто для развлечения, так называемое «изящное чтение».

Когда смотришь американские фильмы о писателях, удивляешься, до какой степени писатель в западном мире ощущается (и сам себя ощущает) как ремесленник, представитель одной из множества профессий, не самой, кстати, высокой и важной. Ещё Джон Стейнбек замечал, что успех писателя в США измеряется количеством проданных книг и гонорарами, а не вкладом в сокровищницу всечеловеческой красоты.

Это ремесленническое отношение к писательству может преодолеваться на уровне отдельных авторов (того же Сэлинджера), но в целом оно остаётся, и сам писатель, как правило, не ждёт от себя большего. Общество Америки, как писал Г. Кружков, ждёт от писателя выражения процессов: социальных, психологических, политических, даже физиологических.

Это понимание отличается от интуиции Востока, где писатель всегда обладает пророческим достоинством, где он и мыслится, прежде всего, как пророк, а потом уже как автор текста. Ведь, по сути, он и является для мира пророком, возвещающим волю и красоту Господню.

Такое восприятие литературы как изящного чтения, чтения для развлечения, современно секулярной культуре Запада, когда священное стало мыслиться отдельно от повседневного. Что-то подобное мы находим уже в культуре Ренессанса, хотя каждый из титанов возрождения был верующим человеком.

Что же до христианского богомыслия, то созданное в борьбе с иконоборцами византийское богословие утверждало идею, что искусство способно и даже должно выражать истины веры, то есть истину как таковую вообще. Догмат об иконопочитании может быть расширен не только до икон непосредственно, но и до всякого искусства, когда автор, художник, музыкант и т. д. в силах выражать своим трудом те глубины, которые и являются его трудом ради истины, его вниканием в суть чтобы читатель, зритель, слушатель возрастал и подлинность в нём расширялась.

Старец Ефрем Ватопедский говорил об одном фильме, что он, этот фильм, создан не в духе Божием. Но верно и обратное, когда фильм может быть благовестием, и для этого вовсе не нужно говорить непосредственно о чём-то церковном (даже чаще всего и не нужно), но такое высокое творчество должно давать людям возможность увидеть мир глазами христианства.

Старец Иоанн Крестьянкин замечал молодому Тихону Шевкунову, что кино – тот же язык, один возглашает этим языком «Осанна!», а другой: «Распни Его!».

Но искусство – куда больше, чем язык повествования. Оно есть особая форма бытования истины, и именно так воспринимали его не только на Древнем Востоке и в библейской традиции, но и вообще многие древние народы, почитавшие своих поэтов и сказителей самым высоким почтением. Почитая их как тех, через кого возглашается воля Неба, а не просто те или иные людские размышления. В таком восприятии современное понимание искусства как развлечения показалось бы смехотворным и странным, подобно, как если бы кто-то о ките или мегаладоне скажет «рыбка», или назовёт Эверест «горкой».

Творчество есть одно из назначений человека, умножение божественного пространства, и в качестве такового оно было даровано людям ещё в раю, и не было отнято у них после грехопадения.

Красота – одно из имён Бога, и это Его имя особенно актуально сейчас, в XX – XXI столетиях, когда на одной чаше весов высота отношения к творческому дару и ответственность в отношении результата (верно расслышать и передать, не замутив переданное своими страстями), а на другой – творчество как развлечение, ни к чему не обязывающее самовыражение или даже творчество ради заработка (немыслимое дело для древних творцов-пророков).

Творчество есть выражение творческой грани образа Божьего в человеке. Оно выражает Его истину своим особым, лишь ему присущим образом, без чего человек не может быть ни полон, ни завершён, ни совершенен, потому что в замысле Божием человек немыслим без труда – и труд этот – не унылое истязание, но ликующее умножение истины, красоты и добра!

Нужен ли Шекспир для спасения?

О, это скучное присловье Востока: «Шекспир не нужен для спасения!»

Мир полон того, что не нужно для спасения! Зачем нам для спасения 200 элементарных частиц? Почему недостаточно протона и электрона, и нейтрона, из которых строится вещество? А зачем для спасения 95% Вселенной, приходящихся на тёмную материю и тёмную энергию? Мы ведь этого даже не увидим. Напомню, что классическое вещество, из которого состоят планеты, звезды, галактики, кометы и астероиды во вселенной занимает всего 5%. Зачем для спасения невероятное разнообразие мира?

Просто таков вечный соблазн Востока, который, по слову святого Николая Сербского: «Чтит Бога, подозрителен к делам Божиим и отвергает дела человеческие».

Отсюда и Евангельские блаженства Восток в тайне мыслит на манер неоплатоников – чистые шарообразные умы, без чувств, страстей и дел, вечно созерцающие божество. К счастью, сущее сотворил Бог, а не эти люди. И человек приведён в мир драгоценный, мир, как Его дар, чтобы в соединении с Богом всюду умножать красоту и добро. Вот оно – богословское назначение человека, как его понимали святые. Оно, это назначение, исходит из образа Божьего в нас. Оно дано нам как радость и путь ещё в раю и будет продолжено в Небесном Иерусалиме; сейчас, в искажённом мире, является единственной драгоценностью, тем «умножением Бога», которое, согласно Паламе и богословию церкви, должен мыслью, жизнью, трудом, ростом, сердцем, творением красоты, служением, любовью – всем собой совершать человек. И оно подлинно бессмертно, всё – где нами умножен Бог!

Можно ли «перерасти» культуру?

Мне приходилось сталкиваться с таким мнением, что те православные, которые отказались от культуры – её переросли. Такая позиция идёт от непонимания того, что есть на самом деле культура. Она есть синергия (сотворчество) человека с Богом, которым совершается умножение божественной реальности в мире, и результаты этого умножения, по пророчеству Апокалипсиса, в Небесный Иерусалим принесут с собой спасённые народы.

Таким образом, выражение «перерасти культуру» – это как сказать, что человек отказался от своего, данного ему Богом назначения.

Да и с какими унылыми лицами, какими бездарными людьми говорятся такие вещи!

Писатели и порок

Как оценивать «неидеальную» жизнь многих писателей? Ведь высота дара вызывает у светлых читателей интуитивное желание высоты жизни писателя, но это бывает очень и очень редко.

Шекспир постоянно изменял жене, Данте свою супругу не любил, Диккенс жил с любовницей, Довлатов пил и изменял, и так далее…

В литературе мало святых и праведников, таких как Кедмон Уитбийский, Григорий Перадзе или Илья Чавчавадзе.

В Средневековье праведных авторов найти легче. Во-первых, этим людям не было чуждо покаяние. Во-вторых, общество не было до такой степени секулярным. И наконец, в-третьих, до нашего времени, сведения об их жизни не дошли или дошли искажённо.

Впрочем, порок присущ авторам всегда, чего стоят только выходки Вийона или куртуазная любовь трубадуров.

И всё же, с засильем протестантизма, идея покаяния уходит из европейского мира, а с ней уходит и что-то очень важное, нужное для человека, потому что тот же Сэлинджер искал Истину, хотел найти, но никогда не каялся в том, что он делал со своей женой.

Но ведь и талант гениев явен, как явна и их частая неподлинность в жизни. Итак, что же с этим делать? Тут нужно применить принцип Василия Великого, согласно которому, в наследии, а равно и в жизни писателей, мы должны выбирать то, что соответствует евангельской истине, а всё остальное не принимать.

Так, мы не принимаем постоянную «беготню» по сектам у Сэлинджера. Не принимаем все те гадости, которые он допустил в отношении своей жены, но принимаем его крик о настоящести. Его поиск подлинности, принимая во внимание, что чем грязнее сердце, тем тяжелее, даже гению, расслышать голос Духа Святого, слышание Которого и составляет подлинное творчество.

В какой книге всё есть?

Средневековый мусульманский завоеватель приказал сжечь знаменитую древнюю библиотеку захваченного города, обосновав своё веление словами: «В Коране всё есть».

Святые отцы церкви, напротив, хотя и были несравненными знатоками Писания, никогда не считали, что одна единственная книга, даже Книга Книг, может заменить людям, например, всю мировую литературу, что если эта книга существует, то мировая литература будто бы не нужна.

Святой Филарет Московский говорил об этом: *«Я с опаской отношусь к тому человеку, который бахвалится тем, что читает одну единственную книгу, пусть даже этой книгой будет Библия».*

К кому сойдёт Дух Святой

«Когда Пётр ещё продолжал эту речь, Дух Святый сошёл на всех, слушавших слово.

И верующие из обрезанных, пришедшие с Петром, изумились, что дар Святаго Духа излился и на язычников, ибо слышали их говорящих языками и величающих Бога» (Деян 10:44-46)

Вот ещё одно свидетельство того, что Дух Святой может изливаться и на язычников, не имеющих верного представления о Боге истинном, и этот Дух позволяет им творить высочайшую красоту, созвучную всему, что есть в людском труде и искусстве божественного.

Культура и прогресс

Культура не есть прогресс. Культуре чужда теория прогресса. Прогресс всегда идёт по восходящей, а культура есть «вникновение» её творцов в истину, в Бога, и по мере вникновения и таланта рождаются шедевры, которые на высотах равновелики друг другу. Каким бы мастером не был Рафаэль, он пишет картины не лучше, чем не известные жрицы-художницы в пещерах палеолита, изображавшие на стенах фрагменты своего охотничьего рая. В культуре всякая коснувшаяся Бога величина равна такой же величине, в независимости от того, в каком веке свершилось это вникновение.

Источник культуры

Источником культуры во все времена была религиозная идея. Чувство реальности Бога побуждает человека совершать духовные усилия, идти к Нему, творить для Него, ради приобщения к Нему. Поскольку Бог обращается к индивидууму, то носителем культуры во все времена была индивидуальность, пусть и не осознанно.

Отсюда мир культуры един – это пространство Господне. Однако, вот формы её различны, поскольку различны народы и личности, это пространство культуры творящие, различны их аспекты понимания Божественного, включающие в себя истину, поиск и заблуждение.

Творчество, чистота, красота

Красота того, что мы создаём, всегда связана с чистотой нашего сердца. Синергия творческого акта говорит ещё и о том, что человеку важно быть созвучным благодати, чтоб нести красоту и свет. И чем автор дальше от Бога, тем уродливее то, что он создаёт. Язычник человек или христианин – дела его рук зависят от содержания его сердца. Джон Рёскин так формулирует этот закон в своих лекциях об искусстве: *«Вы не можете живописью или пением достигнуть того, чтобы стать хорошими людьми. Вы должны быть такими прежде, чем приобретёте способность рисовать или петь, и только в этом случае цвета или голос завершат всё то, что есть в вас хорошего».*

Читая Рёскина, мы понимаем, что искусство, как и всё в мире, сослужит человеку плохую службу, если в него не будет внесена благодать. Благодать во всякую душу приходит только по мере жертвы. И, только созвучный добру, истине и благодати может подлинно понимать красоту.

Рёскин пишет: *«Мы сами должны обладать теми духовными свойствами, проявление которых нам приходится постигать».*

Красота всегда и всюду зависит от следования автора вослед доброте.

Подлинная красота искусства, в соединении со всей другой красотой мироздания и звучащей в красоте благодатью, растит человека так, что он становится тем, кем и был изначально задуман — христианином, подлинно живущим по Духу. Вот как пишет об этом Джон Рёскин: *«Так, день за днём, усилие за усилием, и вы при помощи искусства, мысли, доброй воли, действительно воздвигните... Церковь, о которой не скажут: «Смотри, какие здесь камни», но скажут: «Смотри, какие здесь люди».*

ЧУДО СКАЗКИ

СКАЗКИ

Внутренняя сила сказки

Даже если автор и желал бы создать некие новые, неведомые прежде чувства и ощущения, это ему не удаётся, потому что восприятие мира обще у автора и читателя. Настоящие авторы, впрочем, никогда этого не желают. Особенно это касается миров, которые порождает фантазия человека.

Волшебная страна, какой бы автор её ни породил, является неким зеркалом, в котором лучше виден наш большой мир. Мир Творца. Волшебная страна при всей её чудесности помогает нам ясно видеть происходящее в мире людей.

Сказка об этой стране есть очки ясного зрения. Именно об этом явлении Андерсен говорил, что если у нас нет смелости называть вещи своими именами в жизни, то мы можем это делать хотя бы в сказке. Показателен в этом смысле андерсеновский «Голый король». Придворные – это люди, у которых поиск выгоды и лучшего места затмил первозданную красоту души. Приспособленчество у них стало на место способности быть неподдельными. Их зрение искажено их жизнью. Но верно и не замутнено зрение сказки, которая всё расставляет на свои места.

Вооружённый таким зрением человек переносит его и в большой мир людей. Дело не только в зрении. Туве

Янсон однажды обмолвилась, что для ребёнка имеет значение постоянство некого порядка вещей. Родной ему человек каждое утро заводит часы, и поэтому мир не может быть разрушен. Сказку можно сравнить с такими часами, только для всего человечества.

В нашем мире искажено не только зрение, но и восприятие бытия. Множество людей страдают от собственных страхов, предощущения бед и всевозможных катастроф. Почти никто не чувствует себя уверенным в будущем. Такое восприятие мира имеет свои духовные корни. Известный афонский старец Иосиф Исихаст говорил, что если Бог будет в человеке, то человек всё увидит светло. А если он потеряет Бога, то опять всё увидит криво. Представьте себе зрячего, который заперт в тёмной комнате и не знает, что за её пределами, ночь или день. Теперь добавим ещё и то, что разнообразные средства информации внушают ему, что вокруг только ночь и ночи нет конца. Волей-неволей он поверит сказанному.

Животворная сила сказки в том, что она возвещает простую истину «там, за гибельными тучами, на землю спешит рассвет», – как говорил Джон Толкин.

Помню, как однажды, когда мне было очень плохо и больно, а Бога я ещё не знал, меня поразили слова из толкиновского письма, что к погибающему человеку всегда летят орлы. И эти орлы есть благодать Господня.

Сказка открывает человеку, что из его тёмной комнаты есть выход, и этот выход никогда не заперт. Более того, за дверью нас ждёт «невечерний» день. За дверью нас ждёт великая красота любви.

В конечном итоге хорошая авторская сказка возвещает человеку простую, известную религии вещь. Наш мир больше, чем это кажется физику-испытателю. Наш мир не ограничивается пределами вселенной. Он тонок и отовсюду в него льётся необыкновенный, небесный свет.

В лучах этого света всё становится чудом и всё становится сказкой. Собственно говоря, сказка чудесна благодаря именно этому необыкновенному свету. Сказки касается Бог и это делает её похожей на наши самые глубокие чаяния – быть любимыми, нужными и совершающими подвиг ради своей любви.

Сказка очищает зрение, она не ведёт в лабиринты выдумок, но сама есть выход из лабиринта обычных причинно-следственных связей. Она вводит в жизнь человека измерение чуда. Человек начинает ощущать, что мир именно таков, как в сказке: светел, чист и полон высокой не напрасности каждого из нас.

Урсула Ле Гуин говорила об этом, что дети прекрасно знают, что единорогов не бывает. Но, вместе с тем, они знают, что хорошие книги о единорогах – это правдивые книги.

Эльфийский путь в светлый Валинор – это путь каждого доброго человека. Он лежит через сердце и ведёт в настоящий, вовсе не сказочный рай. И этот путь делает сказку истинной правдой о нашем чудесном и светлом мире.

«Вдруг пойму, как мне нужна, сказка детства моего»

В этих строках известной песни заключено стихийное, народное желание, чтобы целостно постигнутая жизнь оказалась доброй и светлой, и имела счастливый конец.

Эту жажду на земле могут утолить только истинная вера и рождённая от неё сказка. Ибо сказка, это возможность для обычного человека, не святого, увидеть мир в его мудрости, гармонии и красоте, и прозреть счастливый конец для всякого доброго человека.

Старец Зосима Сокур говорил монахам: «Я надеюсь, что вы вырастете когда-то к тому, чтобы читать сказки». Но, только по мере приобщения небесному взгляду на мир человек понимает, что это – так.

Промысел

Некоторые часто думают, что лучше Бога знают, что и как должно происходить в мире. Сказка всем своим строем лечит от такой уверенности, и помогает ценить промысел со всеми его неожиданными сюрпризами и подарками. Ведь и помощь святого по молитве к нему – это та же сказка, которая произошла.

То, что Господь отнимает одной рукой, ещё больше даёт другой.

В мире часто можно встретить людей, обиженных на Господа за то или иное обстоятельство жизни. Сказка смело являет важность каждой мелочи, которая совершилась с нами.

Лишь спустя десятки лет сказочного действа стало ясно, почему было так важно Бильбо пожалеть Голлума.

Любой добрый поступок уходит в будущее, и сказка показывает это, подобно, как Бог, видя наши действия, знает, к чему это всё приведёт.

Господь благословляет сказку, как наш мир и его добро. Только в сказке это видно сразу…

Сказка и искушения

Клайв Льюис как-то сказал, что, если перенести веру в волшебную страну, то, возможно, ребёнок впервые увидит веру во всей её мощи и в час искушения устоит. Добавим, что точно так сказка может подействовать и на взрослого.

Ведь взгляд авторской сказки эпичен, возвышен. Он зримо являет конечную победу добра.

У средневековых православных монахов Ирландии было принято сравнивать мир и судьбу человека в нём с ковром удивительной красоты. Этот ковёр мог бы поразить красотой своих узоров и необычайностью замысла, но дело в том, что тот, кто смотрит на ковёр, идя по нему этого всего не видит. Ему заметны отдельные линии, краски, но он не может связать всё это в единую гармонию и красоту. Единственный способ увидеть всё правильно – это взглянуть на ковёр с неба. Только тогда станет ясно, какой смысл был во всём том, что случилось с нами.

Сказка помогает человеку так взглянуть на наш мир. Она даёт возможность здраво оценить искус запретного удовольствия и свободно потянуться к добру.

Могу о себе сказать, что однажды, когда мне очень хотелось быть с девушкой, чего делать было нельзя, меня удержала сказка Андерсена «Райский сад». В ней повествуется о принце, который обменял райское блаженство на поцелуй. В результате он потерял рай и только тогда узнал, чего он лишился и сколь ничтожна по сравнению с Господним блаженством всякая мимолётная услада греха.

В течение всей жизни меня поддерживала чистая книга Толкина «Властелин колец». Много раз, когда долг требовал одного, а страх или нежелание подвига требовали поступить иначе, я выбирал долг, потому что Фродо решился нести кольцо всевластья в Мордор. Этот выдуманный персонаж всегда был для меня источником неисчерпаемой силы. И не для одного меня. Мне приходилось встречать зрелых людей, которые говорили, что именно книги Толкина сделали их зорче, дали ясность взгляда в выборе между добром и злом.

Некий персонаж Толкина спрашивает: «Как поступать в такие времена?», – и получает ответ: «Да, как и раньше. Ведь добро и зло местами не менялись».

У Честертона есть строки, что леденящие душу слова некоторых людей о том, что всё относительно, не мешают ангелам вести учёт злых и добрых дел.

Человеку, который читал Кеннета Грема «Ветер в ивах» легче быть милосердным, а читателю книг о муми-троллях проще быть более человечными.

Сказка вдохновляет людское стремление к свету. И, хотя сама сказка, есть только отблеск Великой Истины, но эта истина сияет в сказке столько ярко, что людям хочется, чтобы сказка была на самом деле. Тут различие между сказкой и верой. Ведь вера, она утверждает, что сказка есть не только в сказке. Она в основании нашего трижды чудесного мира. Поэтому вера – это ключ к сказке. И её отсутствие, её нежелание, делает высокую сказку всего лишь фантазией, за сюжетом которой мы можем следить в большей или меньшей мере. Вера же говорит о том, что истинная сказка – это наша жизнь. Это понимают святые, дети и сказочники. И это открывается читателю сказок. Поэтому Андерсен говорил, что лучшей сказки, чем жизнь, не существует. Красота сказки, её чувство ненапрасности, есть отражение красоты и ненапрасности большого мира. Читая сказку, вверяясь её чуду, мы с радостью открываем, что здесь, в нашем мире, всё устроено именно так.

Радость жизни и радость сказки

В Ветхом завете есть такие слова: взгляните на прежние поколения и найдите хотя бы кого-нибудь одного, кто доверился Господу и постыдился.

Счастливый конец для всех, кто старался быть добрым – реальность не только сказки, но и жизни.

Сказка заново открывает человеку, что наш мир всегда неповторимо прекрасен. Мир прекрасен Богом, Его благодатью. И одна из самых светлых его радостей – это радость хорошего конца.

Впрочем, сказка и без того каждую минуту являет человеку мир в первозданном, детском восприятии, когда всё значимо и светло в лучах Господня света.

Я знаю одну девушку, которая, обретя веру, долго не могла понять, почему люди могут радоваться. Она открыла это в самой жизни, потому что встретила многих людей, которые любят её как родную и единосущную сестру. Она обрела радость, но не заметила того, что её путь к радости – это и есть сказка. Сказка её жизни. Часть того пути, которым она идёт в свет. А сказочник только может сказать о том, что уже для неё придумал Бог.

Поскольку, понять Божий замысел, дело не всегда простое – существуют сказки, которые помогают не только смотреть, но и видеть. Дают возможность за цепью событий прозреть сокровенную глубину, духовные законы, по которым бытие являет себя.

Этим сказка отличается от фэнтезийного романа. Своей внутренней правдивостью. Перефразируя Честертона, можно сказать, что сказка, это то, что делает нормальный человек в краю чудес. А фэнтези, это то, что делает безумец в виртуальной реальности.

Фэнтези не дарит ни радости, ни утешения, а сказка легко даёт читателю и то и другое. Это происходит потому, что сказку питают те сокровенные силы, которые питают и всё добро на нашей планете. Благодать, вложенная в сказку, даёт человеку острую радость, что не только в сказке есть счастливый конец для всего добра, но и в большом мире людей он так же несомненен, как и в хорошей сказке. И знание этого способно укрепить душу.

Как сказка даёт человеку приобщиться этому ведению? Касаясь онтологии нашего мира, она касается самых глубин человеческой души. При этом делая это просто, никогда не в форме морали, но являя подлинную красоту в самой себе.

Красота сказки есть красота нашего мира. Только сказка помогает правильно на него смотреть. Джон Толкин много говорил о присвоении, когда вещи и людей, которые нам понравились, мы заперли под замок, стали обладать ими, и перестали на них смотреть. Если человек ощущает себя в мире хозяином – он не увидит совершающуюся в нём сказку. Узреть сказку – удел тех, для кого всё в мире – дар. Слова любви близкого человека, осенняя листва под ногами, тихая песня мамы и дворовый пёс – это незаслуженные подарки каждому человеку. Пока мы не ощутим их подарками, мы никогда по-настоящему не насладимся ими. Ведь настоящее наслаждение основано на благодарности.

Сказка учит быть благодарным. Само звучание сказки таково, что читатель заново начинает видеть то, что ему давно примелькалось. Жена перестаёт быть скучной только потому, что она по утрам ходит в халате. Дети перестают досаждать, хотя они так же требуют к себе внимания. Видя мир как дар, человек радуется всему, ведь Господь всё сотворил хорошим.

Ясность взгляда присуща подвижникам, детям, а для всех остальных её легко открывает сказка. Человек заново входит в мир, как в подарок. И даже если он не знает, Кого ему благодарить за всё, само сердце его полнится благодарностью, которая есть начало всякого блаженства.

Сказка дарит человеку новую радость, ведь наш мир есть, и он хорош и всё в нём до последней дождевой капли сотворено по любви. И весь этот мир отдан каждому. Наше дело – сделать в нем наше дело. Но это уже зависит от нас.

Детство и сказка

Самое прекрасное ощущение детства – это чувство того, что наш мир всегда хороший и светлый. Это ощущение, быть может, кроме литургии лучше всего передаёт сказка. И если для взрослых сказка – это выдумка, то дети чувствуют, что наша жизнь и есть сказка, которая случилась на самом деле. Почему так? Ответ прост: дети добры, а для доброго сердца каждый день – это небесный подарок.

Андерсен обижался, когда его называли детским писателем. Он считал, что сказки для всех, потому что чувство жизни как сказки – для всех.

Вы спросите, а как же огорчения и неудачи? Но даже если с нами случается что-то грустное, оно допускается только для нашей будущей радости.

Счастливый конец в сказке, как и в жизни, – приходит в конце истории. А в начале наш труд умножения света, добра и радости в близких сердцах.

Как пишут сказки

Здесь я расскажу о том, как рождается короткая сказка. Сказочник находит некий предмет или попадает в новое место. И то, что для множества людей вовсе лишено поэтичности, для сказочника обрастает образами и являет некую внутреннюю ассоциативную красоту.

Так, сказку «Воздушный шар» я написал, когда увидел, как со свадебной машины сорвался шар и несомый ветром полетел по дороге. Шар прибило к моим ногам. Я взял его в руки, и тотчас в душу потекли образы, зазвучала внутренняя музыка нового произведения. Это то, о чём Пушкин когда-то сказал: «И даль свободного романа я сквозь магический кристалл ещё не ясно различал». Ещё не было ни сюжета и действующих лиц. Но была музыка новой вещи. И, стоило мне сесть за письменный стол, как сами собой потекли, полились строки.

«Я не размышляю над стихом, и, право, никогда не сочиняю», – писал К. Бальмонт. То же самое можно сказать и о сказке, и сказочном романе. Заранее никогда не знаешь, что будет дальше. Нет плана вещи, есть предощущение, есть рождение новой красоты. И ты сам удивляешься тому, что пишешь, настолько это неожиданно и интересно.

Внешний вид предмета или человека может до неузнаваемости измениться в сказке, но суть его остаётся той же. Так, Андерсен, облекает свою возлюбленную Энни Линд в образ соловья из одноимённой сказки. Соловей, конечно, не девушка. Но душа Энни, её суть, можно сказать, её неповторимый образ Божий, раскрыты именно так и теми словами, как это сделал Андерсен. Сказочник, как и поэт, обладает возможностью вглядываться вглубь предметов, людей и явлений. И не только вглядываться, но и открывать их красоту тем, кто ещё пока не имеет этой поэтической зоркости.

Помню, как-то я пришёл в дом к некой молодой семейной паре. Войдя туда, я сразу обратил внимание, что в этом доме живёт сказка. Хотя внешне это был совершенно неприглядный, старый и бедный дом. Что рождает эту музыку сказки? Наверное, Сам Господь желает в этот момент раскрыть людям часть Своей красоты, которая почиет на этом месте, на этих людях. Потому что, сказочник смотрит на них глазами любви. Поэтому он и может увидеть много. Каждое место пространства и времени нашего мира скрывает в себе будущее Царство Небесное, которое явится здесь спустя некое число лет во Втором пришествии. Увидеть эту благодатную красоту будущего, которая таинственно сияет из настоящего, и есть дело сказочника. И вообще, дело всякого человека. Но у сказочника для этого есть его дар. Слушать музыку ещё не созданного произведения, это вслушиваться душой в тайно действующую в мире благодать Господню. И это – самая светлая и прекрасная музыка на земле. Её слышит не только сказочник. Чистые сердцем люди всегда живут в ощущении этой благодати, но сказочник может выразить её словами, переложить на язык слов.

Я попросил у этой семейной пары час времени, чтобы побыть у них дома и написать сказку. Не помню, успел ли я это сделать, но к следующему моему визиту сказка была написана. Помню, как молодожёны очень удивились тому, что я, никогда не бывая прежде у них в доме, верно описал их отношения и даже их семейные трудности. Так, под видом сказочного тролля, который пытался разрушить семью, был запечатлён некий человек, желавший разрушить семью и завладеть девушкой. Ничего этого я не знал, но всё написанное оказалось правдой. Конечно, это позволила сделать именно благодать, процесс сотворчества души и Бога, в результате которого и явилось произведение.

Каждый самый маленький человек любим и достоин песни. «Даже труд, презренный лесорубов, облагораживается, когда о нём поют», – говорит Кенко Хоси. А сказочник открывает, что никто в мире не презрен, но каждый может быть необыкновенно, неизъяснимо прекрасным.

Благодатная красота людей и мира – один из основных, сокровенных сюжетов сказки.

Друг героя

Один маленький мальчик как-то сказал мне: «Белоснежка сильнее мачехи. Добро всегда побеждает зло, потому что у него есть гномы».

Добро каждого из нас складывается из добра всех тех, кто трудился над светлым ростом нашей души. В славе Белоснежки видится и труд гномов, а в венчальной радости Золушки угадывает улыбка феи крёстной. Фродо не знает дороги без Сэма, а у Муми-Тролля всегда есть Снусмумрик.

Мы находим свою силу в сердце другого, любящего нас существа. Мы становимся добрыми потому, что всегда есть те и Тот, кто верят, что ты обязательно будешь хорошим. Только гордость думает, что победа героя принадлежит ему одному. Так Саруман отвергает милосердие Фродо и погибает.

Герой – это целая команда тех, кто в его жизни участвует. Полианна побеждает не одна, но с друзьями. А Саурон лишается власти ещё и потому, что зло не умеет дружить.

В жизни каждого из нас есть такие участники, иногда незаметные нам самим. И в сказке они тоже есть. Только сказка всегда обращает на них внимание.

Каждый друг героя – и сам герой в неких других обстоятельствах. От каждого из них Небо ожидает добра.

Секрет в том, что, каждый из нас и друг героя, и герой одновременно. По крайней мере, должен им быть.

Искренность в отношении, верность в обещании – это и есть настоящая дружба. Кто нашёл друга – нашёл сокровище. Важно, что, чем чистосердечнее герой, тем легче ему найти друга. У каждого героя обязательно будут те, кто ему служат из любви к нему. Так, Сэм, проходит всю опасную дорогу вместе со своим хозяином потому, что ощущает себя должным это сделать.

Категория долга – одна из основополагающих в добре, и в сказке, и в большом мире. Герой мог бы тысячи раз оступиться, но он этого не делает. Если его спросить: «почему?», то он, скорее всего ответит: «так должно быть». И всё. А, если именно так герой исполнит свой долг, то он и поступит по долгу. Часто это очень трудно, но это – единственный путь к хорошему концу. В нашем мире герой мог бы сказать, что есть Божии заповеди, и мы никогда, никогда, никогда не нарушим их.

Место действия

Наш мир есть место тайно растущего в нём Царства Небесного. В своей глубине он чудесен, не напрасен и светел. Из всех жанров это лучше всего может передать сказка.

Всё чудесно в том высоком смысле, что Автор сказки мира всегда рядом. Это делает молитву исполненной, а время жизни имеющим сокровенный смысл. Поэтому и все настоящие сказочники – христиане. Если не по вероисповеданию, то, по крайней мере, по мировосприятию. Ведь всё настоящее и высокое в нашем мире – от христианства.

Сказка как жанр есть высочайшее эпическое выражение христианства, освящающего хороший конец и делающего не напрасной всякую жизнь на земле.

У Ивана Бунина в «Жизни Арсеньева» есть такой эпизод: «Однажды, Николай (брат) рисовал мне моё будущее:

– Ну что ж, – сказал он, подшучивая, – мы, конечно, уже вполне разорены, и ты куда-нибудь поступишь, когда подрастёшь, будешь служить, женишься, заведёшь детей, кое-что скопишь, купишь домик.

И я вдруг так живо почувствовал весь ужас и всю низость подобного будущего, что разрыдался…».

Всё перечисленное братом Бунина было само по себе хорошо. Но, Бунин, будучи гением, ощутил, что, и семья, и учёба, и работа должны существовать не как самоцель, а ради некой великой цели, строиться вокруг неё. Конечно, эта цель есть только Бог. Но Бунин не умел тогда выразить это словами. Он просто почувствовал, что семья и работа не имеют ценности, если в их основании не лежит нечто столь великое, что придаёт им онтологический смысл на весах вечности.

Сказка явно даёт ощутить человеку, что он не весь целиком с земли. Что его предназначение самое высокое из возможных. Но раскрывается оно только лишь в человеческой доброте. Не даром, святой Антоний Великий говорил, что единственный путь к познанию Бога – это доброта. И сказка учит добру не хуже всемирно знаменитого «Добротолюбия». И там и там явлены путь и результат. И там и там воспета красота праведности. И там и там показано, что злой не может считаться нормальным, как бы он не возвеличивал себя в своих глазах.

Сила зла и его кажущееся единство – призрачны. Не смотря на всю его мощь, оно не может победить ни в конце сказки, ни в конце истории доброго человека.

Бегство или возвращение

Бывает, сказочников обвиняют в бегстве от действительности. Но, на самом деле, сказка открывает двери в мир таким, каков он есть на самом деле. Она не прислужница дезертира, но избавительница из оков того мировоззрения, согласно которому в мире нет ничего, кроме разных форм движущейся материи.

Существует то ли легенда то ли история об одной монахине, которая просила Господа открыть ей суть камня. И Господь ответил, что эта суть в трёх вещах: Камень есть. Он сотворён Богом. И он сотворён Богом по любви. Таково зрение Господа на наш мир, и сказка приобщает ему. Но, поскольку сказка есть творение рук человеческих, то к трём перечисленным положениям она прибавляет ещё и такое: будь благодарен Господу за всё и за этот камень. Ведь и он – дверь в волшебную страну. Он не мог бы существовать без вложенной в творение благодати, которую Максим Исповедник зовёт логосами, по которым устроен и существует мир. Так видеть землю может только чистый сердцем, и сказка есть приобщение человечества к такому взгляду и мировосприятию, согласно которому мир пронизан Господом, что и является поводом для всегдашней радости любого доброго существа.

Защита и избавление

Федор Достоевский в одной из своих историй рассказывает, как он, будучи маленьким, испугался волка в лесу. Он выбежал на полянку, где стоял мужик. Мальчик сказал о своём страхе, а мужик, обняв его и по-матерински улыбаясь, сказал: «Ужо я тебя волку не дам!».

Сказка говорит о том, о чём молчат телевизионные новости. Не смотря ни на какую трудность и боль, человек постоянно защищён небом.

Христос говорит об этом: «У вас и волосы на голове все сочтены».

Хотя это всегда так, но человек тревожен, пока не услышит об этом. Поэтому ему так важно знать о том, что он не один на один со своим несчастием. Помощь, впрочем, не отменяет необходимость борьбы ни у нас, ни у героя сказки.

Человек, живущий в нашем мире, должен трудиться над собой, чтобы в бытие через него пришёл новый свет. Путь, дверь света – наше сердце. Поэтому так много внимания сосредоточено на том, что в нас. И всё же, награда многократно превышает труд. И человек ещё удивится, и придя в духовный восторг, скажет: «Мог ли мечтать я об этом, когда был всего лишь гадким утёнком?».

Человек, как и герой сказки, не видит всё целиком. Посредине истории он не знает, сколь близко к нему избавление. Но, это знает читатель сказки.

Исполненная молитва в нашем мире – это сбывшаяся сказка. А сказка – это молитва о том, чтоб и вправду оказалось, что наш мир не задумывался быть плохим.

Сказка открывает наш мир таким, каков он и вправду есть. И всё здесь таково, что естественному неестественно быть без сверхъестественного. Чудо встроено в нашем мире и в сказке в распорядок дня. И в основании всего лежат свет и хороший конец.

А что же герои сказки? Это, на самом деле, все добрые люди нашего мира. Посмотрите и удивитесь – как много их. Все они, юноши, девушки, старики и дети, которые умели жить для других. Неприметные прочим, они сияют как светила в мире, и являются той самой солью земли, в существовании которой смысл существования вселенной.

И теперь, перефразируя Андерсена, скажем о них: так стояли они, для не умеющих видеть – взрослые, но дети сердцем и душою, а над ними восходило светлое, дивное утро.

Преодоление страха

Каждому человеку на земле приходится испытывать страх. И каждому хочется найти защиту от того, что его пугает. Когда человек подавлен и растерян, когда он смущён в мыслях, ему лучше обратиться к тому, что может помочь ему думать правильно.

Сказка выступает таким помощником и советчиком, по крайней мере, в том важном для человека вопросе – как всё будет. И, на это вопрос сказка уверенно отвечает – всё будет хорошо. Почему? Потому, что ты не один на один со своей проблемой и болью. К погибающему человеку всегда летят орлы благодати. Ты не можешь быть один. Тебе есть на что опереться. В нашем мире ты не оставлен и нужен, и ничто не может отлучить тебя от любви тех, кто любит тебя.

Читая сказку, человек инстинктивно ощущает, что силы вселенской важности действуют в его жизни, и, что всё совершается по единым духовным законам. А, для этих законов непреложна ненапрасность всякой слезы, как непреложна и награда для всех, кто стремился быть добрым.

И, здесь сказка касается самых глубин бытия нашего мира, обнаружив там закон хорошего конца. Светлым лучом благая весть о хорошем конце проникает в душу читателя, уверяя его, что и в его жизни нет напрасности и будет свет. Сила воздействия сказки кроется в Евангельском хорошем конце всех добрых нашего мира.

Испытания, которые проходит добро, делают его ещё светлее. Но ведь испытания не значат, что ты оставлен, как боль в середине твоей истории не значит, что ты не любим.

Обновлённый взгляд

Одна подруга, празднуя 10 лет своего брака, сказала мне, что теперь для неё самое важное, хранить к мужу то первое светлое чувство, которое и побудило её выйти за него замуж.

Можно сказать, что человеку важно хранить первое чувство удивления и благодарности по отношению к жизни вообще. Наша жизнь – место удивления, но это мало кто видит.

Джон Толкин говорил, что затёртость, обыденность людей и вещей в нашем сознании происходит именно от присвоения. «Мы заперли их под замок, стали обладать ими и перестали на них смотреть».

Честертон говорил о том же, когда утверждал, что удивиться сорняку может только тот, кто ощущает себя недостойным сорняка.

Человек присваивает себе вещь, дерево, человека, а ведь мог бы воспринимать всё это как дар. Ведь в качестве собственности ничто не способно нас тронуть. Если какой-нибудь нищий у Виктора Гюго ещё может мечтать о богатстве, то богатый Гобсек Бальзака уже не мечтает. Он имеет, он богат, но счастлив ли он? Напротив, ни одну секунду он не наслаждается своим сбережением. Раздай он хотя бы часть нищим, и узнает в тысячу раз больше счастья.

Чтобы ценить другого или другое, нужно относиться к нему как к подарку, которого в нашей жизни могло и не быть. Так, лучший способ оценить литургию, это несколько раз не иметь возможности туда попасть.

Сказка освобождает взгляд человека от привычности. Помогает взглянуть на всё как на необычайный дар. Сказка, говоря о чудесном дереве, помогает радоваться дереву обыкновенному, ведь и оно не менее чудесно. Волшебный лес — путь, к удивлению, лесом нашего мира.

И, конечно же, человек. Сказка как бы концентрирует своё и наше внимание на любом, кого мы, быть может, сочли бы и не достойным никакого внимания вообще. Задолго до русской литературы XIX века, сказка говорит о маленьком человеке. Он оказывается не мал, но предельно значим.

андерсеновская «Пропащая» из века в век стирает бельё в холодной воде как торжество любви к судьбе всякого, кого отказываются замечать люди. «Она была добрым человеком, а люди пусть себе называют её пропащей». И сказка утверждает для нас торжество небесного взгляда на мир людей. В этом взгляде человек предстаёт тем, кто он есть. Никакие внешние знаки отличия не могут прибавить ему ни чести, ни совести, ни доброты. Это и есть Божественный, небесный взгляд, о котором так часто забывают люди. Его реальность, его несомненность — есть сокровенная сила сказки.

Сказка, сребролюбие и вознаграждение

«Издревле, среди мудрых, богатство – редкость», говорит Кенко Хоси. Редкость оно и среди добрых. Хотя бы потому, что для добрых оно не является ценностью.

Согласно древнему чаянию человечества, добрый герой не может копить богатство. Пещера, полная золота, удел троллей или драконов.

Соломон говорил: «Ибо, кто мудр перед лицом Его (Бога) тому Он даёт и знание, и радость, а грешнику даёт заботу собирать и копить».

Сам Христос на нашей земле – неимущий Бог. Обладая всем миром, Он не имеет буквально места для ночлега.

Сказка и мир, следуя за Христом, знают, что добрый герой всегда ощущает мир подарком, но ничем не желает владеть.

Предельно просто эту мысль выражает Снусмумрик: «Жизнь страшно осложняется, когда хочешь обладать вещами, носить, держать их при себе. Вот почему я только смотрю на вещи, а когда снимаюсь с места, уношу их в своей голове. По-моему, это куда приятнее, чем таскать за собой чемоданы».

Поиск кладов – удел злого героя. Добрый герой ищет радости для других. По крайней мере, в конечном итоге, герой приходит именно к такому пониманию мира. Фродо в конце пути говорит: «То, что спасается тобою, спасается для других». Сам Фродо никак не пользуется плодами своего героизма, да это в сложившейся ситуации и невозможно. Его награда – дивный Валинор за пределами мира, образ рая, который, в конечном итоге, он обретает. Цветущий мир с его красотой остаётся другим, кто за эту красоту не боролся. Но, каждый из них жив и каждый желает быть счастлив с теми, кого он любит. Поэтому герой ищет счастья в начале для других, а о себе заботится в последнюю очередь. Именно такая позиция и делает его героем сказки, а в большом мире дарует ему светлую радость добродетели, которую невозможно купить, но можно обменять на своё собственное, земное счастье.

Мир и мораль сказки

О счастливом конце писал Джон Толкин: «Откуда удивительное, очищающее действие настоящей сказки, почему перехватывает горло и хочется плакать, и внезапно самая чистая радость проникает в сердце?.. Потому что за событиями, как за раздвинувшимся занавесом, мы слышим Эхо Благой Вести и Счастливого Конца нашего мира».

«Чем больше мы видим, что эта жизнь похожа на сказку, тем яснее, что сказка эта о битве с драконом, разоряющим волшебное царство», – пишет Честертон.

Литературная сказка выступает как образ мира, где архетипически представлено всё бытие вселенной. Поэтому литературная сказка касается онтологии, как она понимается в христианстве, а не только морали и психологии. Нужно заметить, что мораль в литературной сказке выражает себя через онтологию. Через законы мироздания. Сказка утверждает, что законы морали так же важны, как законы физического мира. Если прыгнуть с десятого этажа – погибнешь. И даже если сказать, что по твоей теории прыгать с десятого этажа неопасно, потому что люди умеют летать – всё равно разобьёшься, потому что нарушил физические законы.

Сказка утверждает, что, если мы нарушим законы морали, то разобьётся наше сердце и это будет так же печально, как и разбившееся тело.

Поэтому сказка утверждает несомненность добра. Представления об относительности добра и зла, света и тьмы, в сказке может разделять только злодей, и это его мнение, что и выражает сказка, отражает состояние дел не во вселенной, а состояние его сознания. Он зол и тёмен и потому играет словами и понятиями.

Добро в сказке – категория основополагающая и бытийная. Без добра классическая литературная сказка существовать не может. Это нормально и естественно, человек стоит на нравственных позициях и с точки зрения нравственности, он говорит о мире. Добро в сказке всегда воплощено в законах, управляющих миром, и в личностях, которые причастны этому добру. Причём эти личности – не обязательно люди. Ими могут быть и легендарные существа, взятые именно из северной традиции. Такими личностями могут быть и небесные силы, хотя они, как правило, действуют в сказке не явно и открыто, а прикровенно, но от этого не менее действенно. Так, в сказке Ганса Христиана Андерсена «На краю моря» действующим лицом является наряду с человеком его ангел, который утверждает человека в мысли о том, что мир светлый и хороший. Человек и сам это предчувствовал, но ангел даёт ему небесное основание так чувствовать и думать и оттого человеку становится светло и радостно ждать встречи с родными. Эта встреча с родными будет как бы светлым завершением сказки. Само это событие вынесено за пределы повествования, но оно подразумевается и явится подтверждением того, что мир светел, добр и чист. Именно таким мир открывается в сказке.

Добро в сказке поэтому категория онтологическая и бытийная. Это приносит особую радость тому, кто читает сказку, принадлежа при этом той же традиции, что и автор. Ведь человеку хочется не просто верить, что мир добр в сказке, но и верить, что мир таков и на самом деле.

И тут сказка утверждает поразительную вещь – она говорит о себе, что она, сказка, есть лишь отражение и выражение того, как устроен мир. И это вселяет надежду в читателя. Потому что для человека хочется иметь прочное основание в жизни. Сказка уверена, что она такое основание не столько даёт, сколько указывает на него в реальном мире. Возможно, в этом популярность сказочного жанра среди людей взрослых, а не только детей.

«Сказка может быть созданием высоким, когда служит аллегорическою одеждою, облекающею высокую духовную истину, когда обнаруживает ощутительно и видимо даже простолюдину дело, доступное только мудрецу», – говорил Николай Гоголь.

И ещё сказка не только является аллегорией мира, но и попыткой выразить духовные законы, управляющие миром, как они понимаются в данной традиции. Причём выразить эти законы языком притчи и мифа. Об этом подробно говорил Джон Толкин в своей знаменитой устной беседе с Клайвом Льюисом, о которой он потом написал своё известное стихотворение «Мифопоэйа».

Здесь поднимается важная для нас тема о том, что сказки на самом деле, не врут. Они просто показывают правду на своём, мифопоэтическом языке. За этой правдой авторской сказки стоит определённое мировидение, которое сказка выражает. Сами авторы сказок считают, что это мировидение авторам даёт именно христианская вера. Показательно, что большинство известнейших авторов сказок были христианами.

Постоянная сказочность жизни, чудесность её, полностью связанная с присутствием Художника в Его истории и в наших историях, вплетённых в великую историю мира, удивительную ещё и потому, что в ней история каждого из нас так же драгоценна, как и вся история мира. Потому можно сказать, что для автора сказки человек всё время живёт внутри сказки и внутри песни, которую сочиняет он и Бог. И это – великое чудо ненапрасности каждой секунды, ненапрасности времени, в котором уже действует вечность Небесного Царства и так будет до тех пор, пока время нашей жизни и наши истории не вольются одной великой историей в Небесное Царство. Там окажется, что каждое наше страдание было сказочным испытанием, битвой с собой и драконом, но и сейчас, пока мы ещё не пришли туда, мы уже знаем – дракон не может победить свет.

Для автора сказки, несмотря на все усилия зла в мире совершается добро и добром пронизана наша история. Но и это не всё. В сказке нашей жизни и в нашем мире не просто когда-нибудь окажется хорошо – в нём хорошо сейчас, несмотря на все усилия зла. Мир светел сейчас, а не просто когда-нибудь станет светел. Но это, по мысли автора и читателя, принадлежащего той же традиции, известно только той душе, которая открылась свету, потому что без этого условия человек будет знать только тьму внутри себя, и через тьму смотреть на окружающий мир и тогда ему будет казаться, что света в мире нет. Хотя в это самое время свет стоит рядом и стучится в дверь его сердца.

О заботе

Сказка прекрасна ещё и тем, что она уводит от мелочности, от малых забот, и придаёт жизни широту и размах легенды. Если здесь и замачивают соленья, то чтоб порадовать друга, а не для того, чтобы их съесть.

Сказка открывает ту истину о мире, согласно которой Бог помогает незаметно, но постоянно, особенно добрым людям. И это тоже превращает течение жизни в сказку.

«Не горело ли в нас сердце наше, когда Он изъяснял нам писание?». Это горение сердца есть внезапное ощущение несомненности хорошего конца и в жизни доброго человека, и в мировой истории. Тогда душа чувствует освобождение из падшей логики этого мира и всё вокруг открывается как великая сказка о твоём и общем пути к радости. И пусть в эту секунду Бог ещё не победил зло в твоей жизни, но ты словно держишь эту победу в руках, потому что сама суть бытия открывается перед тобой, и ты видишь — с Богом не бывает плохих концов.

Сказки открывают, что свет и высшая красота есть всегда, они наполняют мир, даже если люди не следуют свету. Честертон об этом говорил: «Добро — это добро, даже если ему никто не служит. Зло — это зло, даже если все мы злы».

Одно из назначений сказки — это увидеть, что в нашем мире всё же много тепла несмотря на то, что мы ежедневно сталкиваемся с теми, кто зол. Мир сам по себе тёплый, и это окрашивает в рассвет всю нашу жизнь целиком. Это, как если бы у нас был любимый человек, который бы ценил и оберегал нас. Но, когда мы едем в автобусе, нам кто-то наступил на ногу. И эта грубость всё же не может перечеркнуть той радости, которую нам дарит любимый. Что-то подобное делает с миром и нами благодать Господня. Кто бы ни огорчал, кто бы ни пугал и ни изводил нас, как бы нас ни обижали — ничто на свете не может лишить нас радости жизни, которая сама по себе и есть сказка, совершающаяся на самом деле.

Когда человек испытал боль то он часто хочет оградить других от боли. Так Бог извлекает много добра и нашего подвига из того зла, которое мы пережили.

О высоте в сказке

Часто приходится сталкиваться с мнением, что всякая высота: поэзии, молитвы, искусства, подвижничества — это что-то романтическое и мало влияющее на подлинную, повседневную жизнь с её заботами. Сказка же, гениально открывает читателю, что на самом деле – светлый взгляд на мир, не плод романтики, но только он адекватен бытию, как оно на самом деле есть. Святой Иустин Сербский говорил, что: «По своей божественной, логосной сути, жизнь есть рай». Таково восприятия мира у святых. Таким его открывает и сказка. Если здесь говорить о «детскости» восприятия, то только в том ключе, что «Дух святой веселит младенцев» (святой Силуан Афонский) и открывает им, как и святым, верный взгляд на то, что жизнь есть блаженство.

«А как же боль?» – спросит кто-то. Боль расширяет в сердце место для благодати, и потому это место у того, кто страдал, в конечном итоге заполняет радость.

Сказка, как и Литургия, даёт видеть всё правильно – в русле промысла, то есть, на пути к хорошему концу, который непременно будет потому, что у Бога для всех добрых приготовлена только радость. А, чтоб взглянуть на жизненные испытания правильно, чтоб они не заслоняли собой блаженства жить, в этом помогает читателю сказка. Она даёт обычному человеку взгляд святых на мир, учит благодарности и надежде, которая не посрамляет доверяющих ей, ибо основание её – в Евангельском счастливом конце нашего мира.

Исцеляющая сила сказки

Сказка оказывает на души исцеляющее воздействие. И воздействие это заключается в том, что человек, читающий сказку, понимает, что не в сказке, а на самом деле добрым людям нашего мира обещан счастливый конец. Здесь можно вспомнить слова Честертона, который говорил, что всегда чувствовал, что наш мир похож на волшебную сказку. А христианство только утвердило его в этой мысли, в ощущении ненапрасности и чудесности мира и в том, что у сказки нашей жизни есть Великий Рассказчик. Тут уместны слова американского классического поэта Роберта Фроста: «Итог моих исканий внешне мал – лишь твёрже стал я верить в то, что знал».

Знаю одного молодого человека, которому жилось очень сложно. И однажды, на грани тяжелейшего отчаяния, он взял в руки книгу писем сказочника Джона Толкина. В одном из писем Толкин комментирует эпизод из своей сказки, где на помощь добрым персонажам летят орлы. И сказочник дальше говорит, что к погибающему человеку всегда летят орлы. А имя этих орлов – благодатная помощь Божия. И юноша, прочитав эти строки, замер в удивлении и радости – он вдруг ясно ощутил, что у жизни есть смысл и значение и жить стоит дальше, потому что, не смотря ни на какие трудности, никто в мире не будет оставлен, а всякая боль ведёт каждого доброго только к радости.

Сказка всегда совершается в нашей жизни. Можно сказать, что жизнь и есть сказка, которая случилась на самом деле. Приведу такой пример. Когда-то давно ко мне как к психологу обратилась добрая девушка, которая, как и все девушки, унывала оттого, что никак не получается встретить мужа. Её боль по этому поводу была столь велика, что она говорила, что согласная выйти замуж за огородное чучело, если то только сделает ей предложение. Я ей сказал тогда: «Не нужно тебе чучело, а нужен хороший муж».

– Но где его найти? – спросила она.

Я посоветовал ей довериться Богу и с этим доверием начать делать добрые дела. Мы с ней вместе несколько лет ходили в больницу и служили больным, помогали инвалидам и старикам. Было видно, что она старается помочь всем этим несчастным людям, и старается не просто потому, что ждёт награду, а потому, что ей стали дороги эти люди и она научилась не проходить мимо чужой боли. И тогда Господь послал ей удивительного, доброго и светлого человека, который в буквальном смысле сдувает с неё пылинки и бережёт её и любит как своё великое сокровище. Так счастье пришло в её жизнь, но в начале она научилась дарить счастье другим. Этот навык остался с ней навсегда – она и в браке не оставила дел милосердия, которые теперь делает вместе с мужем.

Ещё в Евангельские времена Христос сказал: что сделали другому – то сделали Мне. То есть, Бог принимает сделанное другим добро, как сделанное Ему Самому. И награждает таких людей. Многие спрашивают: где же в этом мире добро? Где здесь сказка и счастливый конец? А оно рядом, близко к каждому человеку, но принять все эти дары можно только лишь добрым сердцем.

Сказка даёт пережить, что миром движет только любовь, и потому всякий, кто чисто и искренне любит, открывает другим двери в сказку. Почему столь сильна материнская молитва о детях? Только потому, что мама любит своих детей. Любящий – это ожившая сказка для любимого. Секрет в том, что каждый из нас мог бы обогреть и обрадовать многих, стать таким маленьким солнышком для других. И тогда Господь с радостью войдёт в наши жизни, наши ситуации, наши трудности и подарит нам счастливый конец. Ведь само присутствие Божие – есть победа над всяким злом, избавление от всякой боли. Приведу ещё один пример сбывшейся сказки.

Добрая и старательная девушка по имени Наталия, училась в медицинском университете. На втором курсе ей предложили подработку в гематологии. Она, будучи человеком робким, переживала, что у неё ничего не выйдет и её будут обижать и ругать. Дело в том, что её в детстве и юности много мучил родитель, убеждая её в том, что она никчёмная дура, и это осознание собственной никчёмности изводило её постоянно. Она написала Старцу Дионисию Каламбокасу письмо о том, что выходит на работу и Старец ответил ей: «Поздравляю! Все у Вас получится в совершенстве». Читая эти строки, Наташа плакала и боль тотчас оставила её, ведь она почувствовала, что её жизнь имеет значение для Господа.

Чем человек более чуток, чем он чувствительней к Богу и всему небесному, тем больше он видит, что сказка – это правда.

По этому поводу писательница Урсула Ле Гуин говорила, что дети отлично знают, что единорогов не бывает, но они так же знают и то, что сказки о единорогах – это правдивые сказки. Ведь настоящая сказка касается сути нашего мира, духовных его оснований и законов, а потому взгляд сказки – это как бы небесный взгляд на нашу землю и нашу жизнь.

Помню, как один добрый и мудрый мой знакомый священник прочитал сказку «Хроники Нарнии» Клайва Льюиса. Я тогда был в церковном дворе, а он выбежал из домика с книгой. На лице его был восторг и свет, и он восхищённого говорил о том, что Льюис смог передать в своих книгах чудесную пасхальную радость. И он прибавил ещё, что когда читаешь сказку, то всегда жалко, что это сказка, а тут всё правда. А сам Льюис писал своей родственнице, что надеется – она вырастет и станет такой мудрой, чтобы снова читать волшебные сказки. Ведь настоящая мудрость – это доброта, это чистота и красота сердца, когда человек начинает жить для других. Чем меньше в нас эгоизма, тем больше мы видим весь мир как сказку.

Человек не может существовать вне чувства сердечной высоты, вне ощущения, что жизнь подлинно имеет смысл. И, если взрослые стараются заглушить в себе эту тягу к смыслу, то у подростков и у детей обострено желание жить ради высоты и красоты. Всё это и даёт сказка. Даёт на уровне подсознательного ощущения, что мир есть Господня гармония, и он хорош не смотря ни на какую боль.

Читать сказки есть то же, что жить высотой бытия, когда жизнь становится житием, отношения с людьми – святыней, дружба – служением, а любовь – основанием, скрепляющим всё остальное. Станислав Лем в одном из своих романов приводит пример, когда человека подводят к самому жерлу вулкана, он заглядывает туда и теперь уже увиденную красоту ему не забыть. То же делают с читателем и сказки со стихами – они являют, что мира вне любви, вне молитвы, вне служения Богу и людям попросту не существует, не может существовать, разве только человек живёт жизнь, недостойную того, чтоб её прожить.

Сказка существует, чтобы сделать человека чутким к небесной красоте, открыть ему радость видеть мир Богом. В сказку не бегут от реальности, сказка открывает повседневность как чудо, и мир как место, где хочется жить. И в этом исцеляющая и умиротворяющая сила сказки.

Сказка открывает душе читателя, что самое лучшее из всего – это доверяться во всём её Великому Рассказчику, в руке Которого все сюжеты и Он умело ведёт всех добрых к добру.

Одна мудрая девушка говорила, что сказки может писать лишь тот, кто пережил много. Ведь сказочника переполняет благодарение Творцу за всё. Оно и рождает мудрость литературной сказки.

Современное – несовременно. Бессмертие обещано лишь тому, что причастно вечности. Этот закон жизни, столь не очевидный для большинства, сказка делает явным даже для огрубевших взрослых. Вероятно, потому они сговорились считать её детским жанром, ведь нельзя коснуться красоты, явленной в сказке, и не осознать необходимости перемены к добру.

Мудрейшие из людей и праведнейшие из христиан начинают видеть этот мир хорошим и добрым, исполненным Бога и Божьей мудрости. Они с удивлением замечают, насколько прав был авва Дорофей, когда говорил, что всё происходящее совершается лучшим образом из возможных потому, что Господь всё посылает нам только лишь по любви. И эту чудесную зоркость к свету и Промыслу даёт великая сказка своим читателям.

Сказка учит благословлять жизнь как место радостного служения Богу. А всякий труд для Неба и близких – есть тот самый райский труд, которым некогда были благословлены Адам и Ева, живущие в раю. Ведь труд для Бога и любимых – есть одно из блаженств человеческих. Он открывает нам нашу жизнь как чудо.

Бог для каждого всё устраивает светло и красиво. Для Него нет избранников, но только избравшие. Он всех любит равно. Но у поэта и сказочника есть дар разглядеть за событиями нить промысла Божьего, ведущего каждого к счастью и радости. И не просто разглядеть, но дать тому человеку так же увидеть эту мудрую руку Божию, и его кроткий голос, всегда тихо твердящий: «Се, Я с вами во все дни до скончания века…»

Мудрость сказки

Всякая великая сказка – есть правда о том, что Промысел Божий никогда не оставит доброго человека и направит его дорогу к свету. И чем больше зло будет упорствовать, чтоб ему досадить, тем чудеснее будет торжество конечной победы! Оглядите всю землю и все истории – и вы увидите – это – так!

Доверие Богу вводит нас в ощущение жизни как сказки, где всегда и во всём существует счастливый конец.

Каждое мгновение жизни мы живём в сказке, но увидеть это может только её добрый герой. Ведь злодей даже в сказке занят тем, что ищет своего, а потому мир за пределами его души кажется ему слишком тёмным.

Толкин говорил: «Кончаются не сказки, это герои появляются и уходят, когда их дело сделано». Дело каждого героя – умножить свет так, как ему по силам. Хороший конец для всего добра – это уже дело Бога. И Он никогда не опаздывает подарить его.

Сказки говорят правду о мире потому, что о каждодневном чуде бытия невозможно поведать иначе, как чудесным рассказом.

Благодать, разлитая Богом в мире – вот основание сказок. Ощущаемая лучшими из людей светоносность сущего, когда из каждой клеточки мира Бог льёт Себя всем стремящимся к добру сердцам.

Сказка позволяет доброму человеку пророчески ясно заглянуть за пределы любого страдания, боли, несправедливости – и увидеть – так всегда не будет.

Кир Булычёв писал: «Сказка есть сказка, и, если ты решил не обращать на неё внимания, она отойдёт в сторону, и жизнь снова станет простой как трамвай...» Ключи к сказке – вера и чистое сердце. Если человек не стремится к этому, то он будет скучать и в райских садах потому, что ему будет недоступно то, что делает жизнь раем для добрых душ.

Сказка учит читателя быть зорким и не обманываться там, где общественное мнение и СМИ пытаются перевернуть с ног на голову незыблемые основы морали и поменять местами добро и зло в угоду людским страстям. Читающий сказку знает, что Господь всё так же, как и века назад, ведёт учёт злых и добрых дел.

Сказка рассказывается, чтоб открыть основания мира и увидеть, что жизнь, по своей божественной сути есть рай и блаженство.

Сказки питают высочайшую потребность души – наяву узнать и пережить, что мир всегда хороший и Божий, а потому в нём есть радость для каждого, стремившегося к добру человека.

О сказке и литургии

Литургия есть самый короткий путь в сказку.

Литургия есть пережить жизнь как совершающуюся со всеми сказку.

На литургии мы обретаем эльфийское благородство духа.

Сказка и литургия – есть возможность для чутких узнать, что есть сердце милующее, или иначе – подлинность и совершенство в жизни.

«Блаженны чистые сердцем, ибо они Бога узрят». А в Боге уже благодатно увидят весь мир как повод для благодарности и живую сказку.

Литургия даёт «настоящесть». Вот почему сказка неразрывно связана с литургией – они открывают человеку мир, как место благого промысла Божьего. Литургия и сказка являют бытие как красоту, на которую возможно ответить только благодарением и ликованием.

Гордецам земли кажется, что им есть чему поучить Автора мира и Его людей. Литургия и сказка, наоборот, говорят, что Автор знает много такого, что неведомо гордецам. Впрочем, сказка обращена не к ним, но к смиренным, к тем, чья совесть не спит, но ведёт человека в подлинность, в преображение. Таким людям литургия и сказка берегут дары благодатного взгляда и благодатного сердца – злодеи же, гордецы и всевозможные люди формы при виде их твердят в своей унылой взрослости: «Какие странные слова! Кто может это слушать?». Что ж, теперь им надо зорко беречь свои сокровища – гордость и значимость, ведь и то и другое совершенно не имеют цены в настоящести, куда ведут смиренных сказки и литургия.

Литургией мы входим в пространство рая. И пусть в каждом конкретном храме мало тех, кому мы нужны, но мы глубже этого обретаем вселенскую нужность самих себя и других, как-то всегда и бывает в Царстве Троицы, где великое не заграждает малого, а малое обретает высоту в великом.

То же пространство рая нам открывают сказка и поэзия. Но и там, как и в литургии, смысл всего ясен радующим другого и благодарным. Потому, что именно эти ключи Христос вручил нам, чтобы мы могли отпереть двери рая.

Радость доброго человека всегда лежит глубже любого искушения или печали. Ибо она – есть радость Святого Духа. А это и есть жизнь как сказка, когда ты благодаришь, ощущаешь бытие как радость и доверяешь Божьей заботе о всём, что только с тобой может быть.

Сказка и литургия дают силу жить высотой. Читая об эльфах, восхищаясь ими и стремясь к эльфийскому благородству, мы и сами становимся настоящими, и мы видим, что Господень свет всегда проницает бытие. Сказка и литургия делают наше сердце восприимчивым к этой красоте мира, о которой хочется только благодарить и петь.

Где Господь, там и красота всего, а литургия и сказка открывают нам землю как красоту. Доброе сердце всегда тянется к тому, чего в мире коснулся Дух. Потому, что красота и свет – это правда о мире и жизни, а всякая тьма временна и помимо своей воли послужит лишь большей славе для всего, что подлинно и светло.

Добрый уже потому блажен, что он вопреки всей боли чувствует, что наш мир – есть сказка со счастливым концом. И, быть может, никто не выразил эту мысль полнее, чем Иосиф Прекрасный, который говорил спасённым им братьям, когда-то продавшим его в Египет: «Вот, вы замышляли на меня зло, а Бог обратил его в добро». Никогда, нигде в Божьем мире не было по-другому!

Сказка и литургия – это явное уверение сердца, что доверяющий Господу не постыдится!

Литургия открывает, что вся жизнь существует по закону сказки со счастливым концом для добрых. Она даёт пережить всё как ликование и красоту.

Сбывшаяся сказка жизни есть лучший комментарий для литургии, а литургия есть явление сбывшейся сказки, где никакой добрый труд никогда не будет напрасен и всё вокруг открывается живой сказкой.

Литургия – есть вдохновение видеть мир как Господню сказку, где приходят, к радости, все, кто шёл по пути добра.

Вся поэзия утверждается в литургии, то есть «богопричастии». Так как оно позволяет видеть мир как великую и мудрую песню Божию.

Литургия открывает нам мир как живую сказку, где всё достойно благодарности и хвалы Творцу.

Литургия открывает красоту Божьего замысла обо всём и всех, и она же даёт явно пережить сердцем, что с Богом никогда не бывает плохих концов, потому что Он так решил от начала мира, что Его сказка о нас обязана хорошо кончаться.

Вся жизнь и вся сказка мира заключены в литургии. Она – двери в восприятие всего с благодарностью, а благодаря мы ощущаем всё живой сказкой.

Сказка есть ещё и ощущение благого промысла, когда ты знаешь, что пусть и сквозь испытания, но путь добрых приводит их в счастливый конец.

Сказка и литургия открывают мир как красоту промысла, ведущего всех добрых к добру.

То, что в мире служится литургия, означает – наша жизнь всегда есть сказка со счастливым концом.

Литургия – есть высшее небесное уверение в том, что вся наша жизнь есть Господня сказка со счастливым концом.

Сказка – это чувство благодатности мира, его постоянной «хорошести». Надежда на счастливый конец для добрых, а это есть настоящее доверие Богу.

Такое восприятие мира, чувство Бога с доверием Ему, есть ещё на земле жить в раю. И Христос открывает людям путь в такое мировосприятие – и это постоянное участие в литургии и жизнь для других. Каждое наше доброе дело открывает нам эту жизнь как счастье. Святой Иустин Сербский говорит: «По своей божественной, логосной сути, жизнь есть рай». И он же пишет: «Насколько Евангелие вносится в жизнь, настолько жизнь становится раем». Сказка же приоткрывает для нас такое мироощущение самой звучащей в сказке благодатью. А прикосновение к благодати даёт нам пережить, что Бог есть любовь, а любовь не желает зла любимому. Мы начинаем доверять Христу и благодарить Его за всё, что с нами бывает. Мы вдруг понимаем, что боль есть всего лишь самый короткий путь к свету и благодарим за боль. Это и есть сказка, которая совершается с нами на самом деле. Весь мир – есть ожившая сказка для благодарного человека.

Одни только высокие души видят, что мир есть сказка. Гордецы же, фарисеи, умники и люди плоти считают смешной звучащую во всём красоту и не доверяют ей, так как не имеют её в себе.

Литургия открывает жизнь как красоту, а мир как сказку.

Участие в литургии приобщает чувству несомненности конечной победы добра.

Литургия, как и сказка, даёт нам увидеть свою жизнь и трудности с неба, а потому делает нас выше всего приключающегося, наделяя наше зрение светом конечной победы всего доброго, подлинного и достойного.

Литургия – вся – о светоносности и красоте мира Божьего. Ту же истину нам доносит и сказка.

Сказки дают коснуться преображённого мира, каким он бывает, когда наше зрение и сердце омывают литургия и доброта.

Литургия всегда открывает, что мир – это сказка для добрых сердцем.

Литургия даёт пережить всякий наш земной труд как неслыханное ликование сердца. Она возвращает нашим делам райское измерение умножения красоты, избавляя от всякой заботы о заработке. Так Муми-мама в «Волшебной зиме» проснувшись, радуется, что гости всё съели: «Значит не остались голодными». Литургия и сказка дают нам ощутить наши труды не иначе как умножением рая.

Литургия открывает мир как живую сказку Господню, а нас – как её героев, чьё дело – на каждой странице своих историй нести добро, не стараясь заглянуть, прежде времени, в свой счастливый конец.

Но и на литургии только благодарный может пережить жизнь как сказку.

Литургия ясно открывает всем добрым, что с Богом не бывает плохих концов.

Мир как сказка открывается лишь тогда, когда человек в восхищении и благодарности склоняет колени перед звучащей во всём Божественной красотой.

В сказке нашей жизни есть и драконы, но они никогда не бывают победителями.

Есть в сказке жизни и боль, которую терпят добрые. Но она никогда не в силах отменить для них счастливый конец.

Сказка и доверие Богу

Честертон говорит: *«Сказки исцелили мою душу»*. И сказка вправду способна исцелять от самой большой тревоги, которая равно касается верующих и неверующих – от недоверия Богу. Попросту говоря, людям кажется, что Господь неожиданно пошлёт им мучения, боль, болезнь, что в их жизнь войдут их самые страшные ужасы, и в общем, хорошего больше ждать не приходится.

Сказка же возвращает веру в Божий промысел как в любовь Господню, по которой совершается всё на земле. И так боль оказывается всего лишь частью пути, приключением на чудесной и важной дороге к раю.

Допустим, мы сидим дома и ждём маму из магазина. И хотя магазин рядом, её нет уже два часа. Хитрый враг всё это время шепчет, что произошло что-то самое страшное и маму мы в этой жизни больше уже не увидим. К тому же она забыла телефон дома. Но вот тут-то нам и может пригодиться доверие, что Господь на самом деле не желает нам ничего плохого. Пройдёт, быть может, ещё час, и мама вернётся, а радость восстановится.

Конечно, такое доверие – всегда подвиг, ведь, как говорил Йейтс: *«Прекрасное нам не даётся даром»*. Сказка же в таких случаях и помогает доверию, напоминая, что высшие силы всегда сражаются на твоей стороне. А, значит, Сам Господь сплетает всю историю твоей жизни, чтобы ты, ещё не зная как всё будет, сказал в лицо плохим мыслям и неизвестности: «Мой Господь готовит мне только радость!».

И никогда, нигде ещё не было, чтобы кто-нибудь доверился Господу и постыдился...

Зачем нам сказка?

Человеку, который обжёгся дикими новостными лентами или слухами из века в век предрекающими невообразимые беды для мира и тебя лично, хорошо открыть сказку, чтоб в её тепле ощутить – Господь никогда не оставлял этот мир, а потому мы, даже не зная о будущем, скажем: оно будет так же красиво, как настоящее. Но ощутить, увидеть и пережить это, как всегда, дано только добрым.

Когда чувствуешь, *что* есть мир и Кто его наполняет, хочется только благодарить и хвалить. Лучше всего этот светлый и мудрый настрой души передают авторская сказка и литургия.

Чувство, что жизнь есть сказка, это, по сути, благодарное ощущение благодати и промысла.

«Жизнь есть радость», – постоянно говорит сказка, и в ней нас ждут приключения, а самое важное из них – обрести свет.

Сказка как явление мира

Меня часто спрашивали, почему я так люблю средневековье и легенды Ирландии, Англии, Норвегии, так сказать – северной средневековой традиции. Потому, что эти, во многом разные культуры, дают читающему их, эпическое измерение бытия. Желание подлинного благородства и эпического сопротивления злу, многократно превосходящему героя своей мощью.

Тот же факт, что все эти страны в средние века были православными (Норвегия до 1054 года, Англия до 1066 года, Ирландия до 1174 года) даёт приобщиться чувству хорошего конца как для всех добрых, так и Евангельского хорошего конца нашего мира.

Сам жанр авторской христианской сказки даёт возможность ощутить, что в нашем большом мире всё устроено именно так. Добро, опора которого – небо и Творец неба. Это добро проходит через испытания и приключения, но от этого становится только светлее. Несомненность добра. Добро без теней. Сказочность нашего большого мира в том смысле, что в нём ненапрасна каждая секунда нашей жизни и всё наше бесконечно важно Творцу.

Благоговение перед высшей красотой.

Причастие высшей красоты небу.

Благородство в выборе – герой сказки поступает как должно и право. По всем законам логики он должен прийти к боли и огорчению, а он приходит, к радости, потому что небо на его стороне и им хорошо вдвоём. Впрочем, в это «вдвоём» героя и неба, включён весь мир. Всё значимое и цветное. Всё необыкновенно перед лицом неба, внимательного к своим на земле. Я всегда ощущал, что жизнь похожа на сказку в самом высоком смысле – слишком чудесно то, что бывает с нами.

Одна моя подруга три дня ждала сообщения от своего предполагаемого жениха. В огорчении она позвонила мне, и я ей сказал, что за её благородство, если б я был ангелом, я бы ей помог, а ангелы ей точно помогут. Она немного успокоилась и положила трубку. Мы молились о ней. И тотчас к ней пришло сообщение от того жениха. Он писал, что скучает и ждёт. Она попыталась отправить ему на телефон гневное сообщение, ругая его, что не звонил три дня. Сообщение не отправлялось и блокировало телефон. Она позвонила мне снова, и я сказал, что Бог бережёт её отношения с молодым человеком и поэтому не даёт послать гневное сообщение. Предложил написать новое: доброе и ласковое. И оно сразу отправилось... Она и он были счастливы. А произошло всё это тогда, когда я писал вот эту статью о сказках.

И это – одно из многих проявлений чудесности мира. Жизнь есть блаженство и жизнь видится чудесной, когда герой причастен небу. Герой сказки ему причастен. Потому можно сказать, что сказка – есть явление подлинной сути нашего мира, явление мира таким, каков он есть, но явление это совершается в художественных образах.

«Что есть царство небесное и чему уподоблю его?». А что есть сказочное царство волшебное? Оно есть наш большой чудесный мир, который сказка даёт увидеть правильно. С точки зрения вечности. С неба... Увидеть мир таким, каким его видят Бог, праведник и святой. Но таким его увидит и читающий авторскую христианскую сказку. Пожалуй, что не во всём, так как тут необходим личный аскетический подвиг читателя по отношению к самому себе. Но сама возможность увидеть всё так, как видят это чистые сердцем, открыта каждому, кто считает себя настолько малым, чтоб читать сказку, и настолько важным, что Сам Сказочник большого мира ожидает его...

СКАЗОЧНИКИ

Андерсен
(1805 – 1875)

Ганс Христиан Андерсен – патриарх литературной сказки. Для этого жанра он столь же значим, как библейские пророки для религии. Пророки не основывают, но верно выражают единственно правильную религию, которую позднее назовут православным христианством. И Андерсен – это некий орган, которым глубины бытия выражают себя. Поэтому, конечно, неудивительно, что он – искренний христианин, который осмысливает и постигает мир в лучах веры.

Андерсен пишет в «Сказке моей жизни»: «В бедной каморке своей я чувствовал присутствие Бога и часто по вечерам, прочитав вечернюю молитву, я, как ребёнок, обращался к Нему со словами: «Ну, ничего; скоро ведь все уладится!» Да, я твёрдо верил, что Господь Бог не оставит меня».

Святой Игнатий Брянчанинов называет чувство присутствия Бога самым высоким из всех возможных. Оно может быть только у чистого сердцем человека. Всю свою долгую жизнь Андерсен и был таким человеком.

Его лицо на сохранившихся фотографиях выражает неподдельное умиление, которое живёт только в сердце целомудренного человека.

Конечно, Андерсен знал влюблённость, но он никогда не был женат и ни с кем не встречался. Любовь всей его жизни, певица Энни Линд, встретилась ему, когда ей было 26, а ему 40. Женское чувство сразу подсказало ей, что, с этим человеком она никогда не будет знать обыкновенного, женского, земного счастья. Слишком он необычен, или, вернее, слишком устремлён к небу, а потому ему и с ним трудно жить на земле. Певица относилась к нему снисходительно, называла «моё дитя», хотя Андерсен долго верил, что она ему действительно друг. К сожалению, Энни не оказала гениальному сказочнику никакой человеческой поддержки, и несчастная влюблённость очень огорчала Андерсена.

Однако, Андерсен обладал одним удивительным качеством, которое присутствует у земли – всякий сор, всякий плевок она перерабатывает в плодородную почву. А для Андерсена его безответное чувство было поводом к новым сказкам. Некий человек сказал ему об этом так: «Вы обладаете драгоценным свойством находить бриллиант в любой сточной канаве».

Гилберт Честертон говорил об Андерсене, что чем выше в небесном плане человек, тем длиннее его детство. Можно сказать, что детство сказочника длилось всю жизнь.

Господь постоянно ощутимо поддерживал его, охраняя от уныния и сердечной боли. Впрочем, Андерсен, конечно, знал многие страдания, но неизменно верил, что Господь всё допускает для блага. Вот как он пишет об этом:

«Моя вера в людей редко была обманута! Даже тяжёлые, горестные дни имели в себе зародыши блага! И все перенесённые мною, как мне казалось, несправедливости, каждая протягивавшаяся мне – часто нежелательно суровая – рука помощи в конце концов все-таки вела к благу!

По мере того, как мы приближаемся к Богу, все печальное и горестное испаряется; остаётся лишь одно прекрасное; оно словно радуга сияет на тёмном небосклоне».

Сказать, что Андерсен сочинял сказки, было бы не верно. Они открывались ему сами во всём, что окружало его в этой жизни. Каждый человек звучит своей неповторимой музыкой, которая есть образ Божий в нём. Ощутить, услыхать эту музыку, может не только сказочник, но и всякий, кто по-настоящему любит других. Андерсен умел любить. Каждый, кого он встречал в жизни, становился частью его души. К каждому он мог быть участлив и ласков, и никому никогда не желал зла.

Детскость души, чистота сердца и поэтический дар вникновения в суть позволяли ему видеть сказку везде и даже быть тем, через кого сказка приходит в мир или бытие являет себя, как оно есть. Ведь наш мир чудесен. В «Сказке моей жизни» он приводит такой пример о своей лодочной прогулке с датским королём: «Ах, если бы выглянуло солнце! – сказал король. – Вы бы посмотрели, как хороши тогда горы!» «Мне всегда везёт! – воскликнул я. – Наверное, проглянет!» И в ту же минуту солнце действительно выглянуло из облаков, и Альпы озарились чудным розовым сиянием».

Подобный пример мы находим в житии Олафа, святого короля Норвежского, по молитве которого, солнце в решающий момент выглянуло из-за туч. Андерсен не молился об этом словами, но имел надежду на Бога, что Тот сотворит чудо и для него. И Бог не посрамил того, кто ему доверился. Можно сказать, что вся жизнь сказочника полна такими примерами. Потому, что настоящая сказка – это чувствовать Господа и Его удивительное действие в своей жизни и бытии мира. Это и есть сбывшаяся сказка. Именно поэтому Алексей Лосев называл христианство мифом, бывшим на самом деле. Андерсен говорил об этом, что лучшей сказки, чем жизнь, не существует.

Чудо радости

В письме к Морицу Мельхиору Андерсен сказал: «Даже странно, право, что Господь даровал мне в жизни столько радости и счастья, тогда как тысячи людей изнывают в горе и заботах». Сказочника и самого удивляло необыкновенное свойство души – всему радоваться и во всём находить поэзию.

Если бы Андерсен был знаком с отцами Добротолюбия, то, несомненно, оценил бы их мысль, что, если кто видит мир хорошим, пронизанным Господом и благодатью, то такой человек видит мир правильно. Не будучи знаком с богословием восточных, отцов сказочник, тем не менее, является практическим выразителем этой максимы, которую Христос формулирует предельно чётко «блаженны чистые сердцем, ибо они Бога узрят». А в Боге уже увидят весь мир, и поразятся его гармоничности, целесообразности и красоте. Радость столь же естественна чистому сердцу, как печаль – страстному. Любящий Бога, благодарный и живущий в девстве сказочник – лучший тому пример. Даже та боль, которая присутствует в его сказках, как и в мире вообще, не может поколебать факта красоты всего окружающего, и Божьей мудрости, ведущей весь мир к добру. Сказка для него явилась продолжением такого мироощущения, которое адекватно бытию, но, вместе с тем, позволило английскому исследователю сказок воскликнуть: «Если не будете как дети, не войдёте в царствие волшебное». И здесь волшебное царствие и есть мир Божий. А сказка – один из ключей к правильному постижению его!

На фотографиях Андерсена запечатлена благодатная проницательность сказочника, который знает, что этот мир хорош, и, хотя добрым в нём приходится терпеть боль, но зло не в силах поставить последнюю точку в их жизни. Потому что одно лишь добро властно завершать собою историю добрых. Исходя из этого, жизнь есть сказка, которую Бог рассказывает Своим детям на их чудесном и важном пути в Его свет.

Всякое уныние, ропот, отчаяние и панические или мрачные мысли сводятся к главному древнему соблазну первых людей – недоверию Богу. Мысли, что Он что-то может привести в нашу жизнь вне Своей любви к нам. И Господь так направляет весь мир, чтобы каждый убедился лично, что любовь не может принести зла любимому. Об этом и всякая настоящая на земле сказка.

Разве это не чудо, что великие сказочники отвечали на великие потрясения, такие как несчастная влюблённость или война, сказками? Не это ли явное желание коснуться небесной гармонии и узреть, что мир и сейчас светел, и чист несмотря на то, что в эту минуту здесь творится зло. Сказка умеет смотреть поверх и глубже зла, глубже злодейства, и видеть мудрый Промысел Господа, который не допустит никакого зла, из обстоятельств которого не извлечёт много добра.

Сказка, подобно Библии, указует конечность зла. И в каждой конкретной истории, и жизни каждого доброго, и мире в целом.

Сколько пройдёт времени до Второго Пришествия, столько большинству людей Бог будет представляться грозным, карающим судьёй, к которому можно обращаться, но нельзя вручить жизнь так, как маме или любимому человеку. Грустная мысль, проникшая из римского язычества в римскую церковь, и являющаяся некой доминантой не только католичества, но и падшего человечества: Бог далёк и Ему нельзя доверять. Мысль отравила многих и многих. В таком представлении Бог судья требует верности Его закону, но личного нежного отношения к Нему человек не имеет. То, о чём католик Вальтер Шубарт писал: «Бог стал для нас (католиков) всемирным полицейским во всемирном полицейском участке».

Против этой концепции далёкого, неродного Бога (которой нет в православии) и восставали сказочники Европы, и Андерсен в том числе.

То, что есть милующий Христос, для него было очевидно. В своей сказке «Сон» ангел, обращаясь к проповеднику, пугавшему прихожан адом, с предложением найти в огромном городе хотя бы одного человека, который достоин адских мучений. Но есть и условие – на всех людей пастор будет смотреть через Божье всеведение и Господню жалость. И пастор с удивлением видит, что не может обречь на адскую муку никакого явного грешника, ибо все они предстают теперь перед ним не как виновные, но несчастные. Как это перекликается с древней святоотеческой мыслью, что «грех делает человека более несчастным, чем виновным» (Святой Иоанн Кассиан Римлянин).

Андерсен сполна обладал детской душой. Такой душе невозможно ощутить Бога иначе, как близкого и родного, каким Он в действительности является, каким открывается в верности православного восприятия. Это верное восприятие Бога было присуще и Андерсену, ведь подлинное величие человека зависит от его отношения к Господу.

Что даёт сказка? Она учит быть верным свету и любимым там, где сгущается тьма. Ведь, чтоб Господь подарил хороший конец, в него должен хоть кто-то верить. И кто-то должен трудиться сложно и много ради того, чтоб заря взошла над сердцами любимых. И наша верность здесь – есть тот рог, которым древний рыцарь призывает на помощь против дракона всё воинство короля. И оно, это войско придёт так же верно, как и то, что тьма отступает перед рассветом.

Одна девушка из пережившего войну города, собираясь на лекцию о сказках, сказала: «Хоть послушаю доброе и отвлекусь от всего плохого». И здесь она интуитивно сформулировала воздействие подлинной сказки, которая не уводит от мира реальности, воспринимаемого как мир проблем, но открывает двери в восприятие жизни как она есть – хорошая, чистая и светлая. Это восприятие оказывается не романтикой, но реальностью конечности зла, вечности красоты и хорошего конца.

Наш мир устроен Господом так, что Он всегда приходит на помощь, но не сразу, не в начале. Прежде чем Он всему даст неожиданный оборот, Он даёт человеку несколько часов, дней, недель, месяцев на подвиг надежды, когда по человеческой логике кажется, что всё должно дальше быть плохо, а всё оказывается хорошо. Это и есть закон сказки, который действует даже в мелочах.

Одна студентка обратилась к служителю церкви, чтобы тот утешил её. У неё муж мало зарабатывал, сама она была склонна видеть малые проблемы как горы, а тут ещё и порвались зимние сапоги. И она устроила истерику, кричала и плакала, что Бог от неё отвернулся и ни в чём ей не помогает. Служитель утешил её. А на следующий день она позвонила счастливая и сказала, что тётя, (ничего не знавшая о её проблеме) утром подарила ей хорошие зимние сапоги. И это – один из примеров того, как Господь обращает всю жизнь в сказку.

Одно из свойств сказки – освобождать героев от материальных забот. Андерсен в этом смысле подлинный герой сказки, потому что его жизнь протекает вне какой бы то ни было мысли о земном стяжании. Подобно Евангельским детям, он не заботится о деньгах ни в пору бедности, ни в пору благополучия. Бог каждый раз посылает сказочнику всё необходимое и ограждает от бесполезного. Так ещё раз исполняются слова Христа, о том, что человеку, ищущему небо, прилагается небом всё необходимое и на земле.

Один из уроков его сказок – вещи не оцениваются в рыночном эквиваленте, но в категориях эстетики и добра. Хлеб ценен не потому, что он твой, а потому, что им можно накормить голодного. Твоё то, что ты отдал потому, что именно это приносит радость. Да и ценность денег лишь в том, что их можно истратить на чьё-то счастье.

Секрет притягательности Андерсена в том, что так редко встречается в нашем мире, в праведности. Вудхаус писал, что райский житель на земле выглядит несуразно для деловых и почтенных современников. Но проходит время и в истории остаётся один только взгляд добрых. Видеть человека таким, каким он задуман небом – это самое великое чудо и самая чудесная сказка.

Сказки Андерсена ещё и о том, что наша жизнь есть дар и единственный способ правильно к ней отнестись – дарить в ответ. Дарить себя и всё своё. Вне этого желания праведной души дарить и отдавать Андерсен не может быть понят.

Когда душа человека приближается к чистоте, то он осознаёт сердцем те истины, которые проповедует православное богословие, даже если он не является православным. Это говорит о единстве постижения человеком реальности мира духовного, об ощущении благого Бога.

«Истина причиняет боль всему, что призрачно», – так писал Клайв Льюис в «Расторжении брака». Именно этим объясняются нападки критиков на Андерсена – Солнце правды, явленное в человеке, всегда жжёт совесть тех, кто привык за свою мнимую праведность получать уважение и зарплату. А такие люди есть и в религии, и в литературе.

Истина радует тех, кто взыскует перемены, но она страшит тех, кто не хочет ради этой перемены покаяться. Такой человек хочет всеми силами дискредитировать увиденную красоту и пускает для этого в ход и служебное положение, и свой малый, но вёрткий разум. История платит этим людям тем, что не сохраняет их имён, в то время как Бог бережно хранит всех служащих добру.

В дни жизни Андерсена начинал набирать силу тот процесс, который сейчас весьма усилился – человеку скучно жить, его день делится между неприятной ему работой и примитивно-унылыми развлечениями, приписанными ему маркетологами.

Льюис говорил, что не изобретает новое, а напоминает о старом. И Андерсен напоминал миру древнюю, забытую истину – жить поразительно интересно. Но только тогда, когда живёшь для других. Чем больше мы живём для других, тем светлее, полнее, красочнее наша жизнь. Потому добрые герои Андерсена – служители. Герда, Русалочка – все они стараются не увеличивать капитал, а принести радость в жизнь близких. И в духовном мире действует тот же закон – мы обретаем Бога по мере нашей жизни для других. Доброе сердце Андерсена это инстинктивно чувствовало.

Андерсеновские сказки помогали увидеть мир детски, благодатно, то есть верно. Святой Иустин Сербский говорил, что если бы нас вели в Царство Небесное дети, то мы давно уже были бы там. Потому что именно ребёнок ищет всегда быть с родителем, с Отцом Небесным.

Андерсен видел, что в его книгах нуждаются взрослые, а не только дети. Поэтому он всегда был против того, чтоб его называли детским писателем. Его сказки – не для взрослых или детей, они для людей, для пробуждения в человеке евангельского ребёнка, который видит весь мир в лучах славы Господней.

Сказочник открывает другим мир как сказку. Это видение оказывается адекватным бытию, ведь наш мир – хороший и ни на секунду не оставленный высшим промыслом.

В таком взгляде сами страдания становятся частью пути, а путь – живой сказкой.

Почему же тогда для большинства мир уродлив? Всё дело тут в приобщении благодати. Бог изливает Себя на бытие, и чувствующий это чувствует так же, что жизнь есть блаженство. И что есть та детскость, которая открывает ворота в сказку? Она есть праведность, которая позволяет видеть всю землю и жизнь в благодати, как великий повод для ликования.

Однажды отцу маленького Андерсена некая помещица предложила работу в поместье. Вся семья молилась, ведь после пробного заказа их должны были взять в поместье на работу. Но заказчице башмаки не понравились. *«Все мы горько плакали, а между тем, – казалось мне, – что стоило Богу исполнить наше желание! Но исполни Он его, я сделался бы крестьянином, и моя жизнь сложилась бы иначе»* (Сказка моей жизни).

Так Андерсен ощущал ту истину, которая меньше всего понимаема людьми – Бог не допускает нам никакой боли, из которой не извлекает для нас много радости и всё происходящее с нами глубоко не случайно.

В первые годы своего пребывания в Копенгагене Андерсен ищет своё призвание: он пробует себя и как певца, и актёра, и танцора. Он делает попытки учить латынь, изучать языки. И везде ему, в конце концов, говорят, что из него ничего не получится. Но все эти мытарства в конечном итоге оказываются частью того пути, который Бог приготовил лично ему, и на котором он сможет умножить красоту и добро. То же бывает и со всеми, чья конечная цель – не заработок, а умножение света.

Другое, что мы можем понять из этого – период поиска есть, одновременно, и период роста тех добродетелей и талантов, которые составляют часть нашей неповторимости. Ведь и Андерсен был совсем молод по приезду в Копенгаген (14 лет), и сказки он стал писать далеко не сразу.

Андерсен на уровне сердца ощущал пронизанность мира Богом. Однажды, когда он гулял по саду, его душа исполнилась ликования настолько, что он стал целовать ствол ближайшего дерева. Он был счастлив, но смотритель сада закричал, что он спятил.

Андерсен умл смотреть на людей с благоговением и благодарностью. Поэтому даже мелочи, мимо которых легко бы прошли гордые, шли на пользу его смиренному сердцу. Так, она стал особенно много писать после того, как одна знакомая знатная девушка наполовину в шутку назвала его поэтом, когда он прочёл ей некую пробу пера. Но для него её слова явились неким указанием пути. В другой раз его назвала поэтом некая старушка, жена часовщика. Она же произнесла слова, которые юный Андерсен воспринял как пророчество о его дороге и его служении. Она сказала: «В Рим ведёт много дорог. И вы, наверное, доберётесь туда своею».

Андерсен обладал поразительной способностью видеть людей лучшими себя. Поэтому многие стремились ему помочь, ведь в нём не было гордости, которая так отталкивает людей. Даже его желание славы было вызвано жаждой оказаться нужным и не бесполезным, ведь частые унижения, которым он подвергался, развили в нём комплексы, когда ему казалось, что вся жизнь его и он сам совершенно не нужны и не значимы в этом мире.

Известный подвижник и монах Иоанн Крестьянкин говорил, что, если мы идём правильным путём, то Дух Святой незримо удостоверяет наше сердце в том, что мы правы. Что-то подобное испытывал в жизни и Андерсен. Он, крайне ранимый и неуверенный в себе, должен был, к тому же, выслушивать многочисленные мнения знакомых, что ему совсем не стоит писать сказки, так как у него нет к этому таланта. Андерсен не упоминает в автобиографии имена этих людей, и потому они так и вошли в историю как безымянное недоразумение. Призвание – это то, без чего мы не можем жить, это наш образ умножения красоты, и следующие за Богом люди никогда не отказываются от него, даже если весь мир говорит им, что у них ничего не выйдет.

Впрочем, те другие, кто причастны Духу Святому в той же профессии, что и мы, всегда одобрят нас, и их голос будет решающим. Так было и с Андерсеном, когда известный датский поэт Эленшлегер, автор гимна Дании, в ответ на обвинения, которые критики выдвигали Андерсену по поводу грамматических ошибок, ответил так: *«Ну и пусть их. Это присущие ему характерные мелочи. Не в них же суть».*

Влиятельные знакомые в Копенгагене советовали юному, ищущему свой путь Андерсену, не писать стихов. Как позднее ему, уже известному, будут советовать не писать сказок. Хотя Андерсен знал, что умниками всегда движет зависть, боль его от этого не уменьшалась. Он хотел быть нужным всем, и по-детски огорчался, что в мире есть умники, которые ни за что не оценят красоту творений своего современника. Но Господь утешал Своего ребёнка, давая ему чувствовать, что он любим.

Быть может, Господь попустил Андерсену пережить столько насмешек и огорчений, чтобы тот в полной мере смог ощутить тепло рая и воспеть его.

Вся красота чувств, вся доброта и глубина сердца такого человека как Андерсен, недоступны умникам, а потому те усердно критикуют её, чтобы другие думали, что настоящая красота «в наше время» не имеет значения.

Встречая благодатную красоту в другом, умник воспринимает только то, что перед ним настоящесть, которой он лишён. И жестоко потом мстит за это.

Благодатность строк Андерсена умники воспринимали как его самомнение, но лишь потому, что их собственные слова были обычны и лишены божественной красоты.

В ответ на боль, причинённую ему людьми, Андерсен со святоотеческой мудростью сердца благодарил Бога, потому что чувствовал – всё в его жизни, и хорошее, и трудное, есть дело любви Господней. И всё, в конечном итоге, ведёт к ещё большей красоте сердца, большему приобщению к Богу, Который скажет однажды: «Добрый и верный сын! Молодец!».

Можно сказать, что Андерсена вдохновляло это предчувствие ребёнка и доброго человека, который знает, что никакое добро на земле не останется без награды. Так как последнее слово в каждой истории добрых говорит только Бог.

В битве добра со злом Андерсен смотрел на мир со стороны добра, а потому его сказки полнее и больше говорят о духовном измерении бытия, чем многие богословские трактаты и реалистические романы. Он сумел через сказку посмотреть на повседневность и увидеть, что всюду действуют те же духовные законы и везде сияет, и зовёт сердца великая слава Господня.

Самуил Маршак писал о нём: «Можно сказать с полной уверенностью, что в своих волшебных сказках Андерсен рассказал больше и правдивее о реальном мире, чем многие романисты, претендующие на звание бытописателей».

Митрополит Антоний так же говорил о надежде за пределом надежды. Дело в том, что у людей имеющих благодать в сердце есть удивительное чувство – что всё, несомненно, окончится хорошо, потому что Бог управляет миром и в мире нет ничего не возглавленного. Это чувство особо остро может проявляться посреди видимого страдания. Человек не знает, каким именно образом всё будет хорошо, но он имеет это предощущение хорошего конца в себе самом и это предощущение есть не что иное, как уверение Самого Бога, Который открывается душе, что Он рядом с ней пока душа борется со страданиями и искушениями, Он даёт нам возможность совершить подвиг ради Него, пострадать ради Него и ради нашего преображения.

Из всех литературных жанров это лучше всего выражает авторская волшебная сказка и её счастливый конец.

Людям часто приходится сталкиваться с негативом. Далеко ходить не нужно. Взять, к примеру, поездку в автобусе. С самого утра люди едут обозлённые. Один толкнул, другой крикнул, третий на ногу наступил. Так мы и обижаем друг друга.

Однако представьте себе человека, который влюбился и едет в этой самой маршрутке. На него кричат, ему наступают на ноги, но он даже и не замечает этого, потому что внутри него такая полнота жизни, перед которой меркнет всё остальное.

Один человек рассказывал мне, что как-то в храме во время службы глубоко ощутил Бога и Божью радость. Он стоял и тихо радовался. К нему подошёл некий человек и стал его за что-то ругать. Но его не ранили злые слова, так как он ощущал жалость к этому человеку.

Когда человек ощущает Бога, он совсем иначе относится к неприятностям.

Это и есть сказка – когда сама жизнь пронизана светом Господним. К этому свету есть ключ – это Сам Христос, Который называет Себя «Я есть Путь и Истина, и Жизнь». Именно этот, ключевой аспект бытия, наиболее радовал Андерсена и являлся ключом к его счастью и его сказкам. Такая жизнь сказочника приводила его к более глубокому осмыслению боли и страданий, чем осмысление, которое было у большинства его современников.

Знаете ли вы, что чем меньше цветочный горшок, тем больше и красивее может вырасти в нём цветок.

Если мы посмотрим на всех людей, живущих и живших на земле, то самые лучшие из них больше всего страдали. Через страдание их душа становилась чище, и они начинали по-настоящему жалеть и любить.

Один дедушка, ветеран войны, рассказывал, что все фронтовики были одной семьёй, братьями. К такому отношению они пришли благодаря страданию. Вспомните, сколько света в глазах людей, переживших войну, голод, блокаду и другие горести. Бог попустил эти беды ради той красоты души, к которой они пришли, ради того, чтобы они могли любить других.

Человеку, живущему Христом, даётся способность ощущать Бога ещё в этой жизни и чувствовать, что мы любимы и нужны до последней глубины и до конца. Поэтому такой человек не считает, что Бог несправедлив. Для людей вне православия мир представляется уродливым, недостойным, тёмным, а жизнь — местом, где жить нельзя. Христианин ощущает, что мир пронизан Богом и исцеляем Богом. Святой Дух даёт крылья душе человека, и она видит, что жизнь, по своей сути, есть рай, и это не могут поколебать никакие страдания.

Но, ведь человек постепенно входит в благодатное восприятие мира. И ему на пути помогают сказки, такие, как сказки Андерсена, которые, пользуясь выражением Н. Трауберг, есть чисто мистическое чтение, и читающий их либо открывает сердце и входит в мир благодати, передающейся ему через текст, либо не впускает в себя эту светлую реальность и остаётся наедине со своим холодом и одиночеством, как Морра из долины Муми-Троллей.

Конечно, человеку, идущему путями этого мира, неизбежно придётся столкнуться с болью. В сказке нашей жизни есть испытания. Когда посреди сказки мы встречаем дракона, он будет повержен в конце. Для Бога нет большей боли, чем видеть человека в мучении. Как пишет об этом Уильям Блейк:

Бог стремится нам помочь
Наши скорби гонит прочь
А пока их не прогонит
Он и Сам от скорби стонет.

Ведь у Бога ничего не может окончиться плохо, ни одна сказка, тем более – сказка нашей жизни.

Джеймс Барри
(1860 – 1937)

Единственная красота – это доброта. И то, что мы имеем, равно такая же милость Божия, как и то, чего мы не имеем. Всё это знал замечательный сказочник Джеймс Барри – автор всемирно известного «Питера Пена».

Жизнь сказочника сама по себе есть чудесная сказка. Напрямую сопоставить черты биографии автора с его книгами есть задача, решить которую, по мысли Толкина, может только ангел хранитель. Поэтому мы не будем проводить параллели, иногда столь явные, между его жизнью и его книгой. Да это и не нужно. О Джеймсе Барри можно смело повторить слова Александра Пушкина, сказанные о Байроне: «Он исповедовался в своих писаниях невольно, увлечённый восторгом поэзии».

Блажен тот, над чьим воспитанием много трудились женщины, ибо он будет знать, что такое нежность. В жизни сказочника важную роль играла мать. Она помогла ему навсегда остаться маленьким ребёнком, который никогда не будет взрослеть, потому что в мире взрослых всё неправда. Некий епископ, имевший суровую и жёсткую мать, жаловался, что с самого детства и навсегда лишился понимания евангельских слов: *«Будьте бра-*

толюбивы друг к другу с нежностью». Но сам Джеймс Барри пришёл в этот мир любимым и знал, что лучше всего смотреть на людей снизу вверх, как это обычно делают чистые дети. За эти качества души сказочника нередко обвиняли в незрелости, но в царстве небесном, надо полагать, радовались, что ещё один житель земли не умеет быть вёртким, пробивным и взрослым, ибо для рая, любви и сказки нужно совсем не то, что ценится в земной цивилизации статуса.

Сердце сказочника умело любить и не требовать ничего в награду за свои чувства. Он создаёт один из самых удивительных гимнов любви в мировой литературе, в эпизоде «Питера Пена», где дети неожиданно возвращаются к маме. Дети придумали довольно жестокую забаву, но мама согласна на всё, только чтобы им было радостно. Если бы кто-то сорвал эту забаву и сказал ей: «Мы подарили вам этим десять лет жизни», она бы сокрушённо ответила: «Но какой ценой – отняв десять минут радости у моих детей!».

Чтоб исполнить волю Господню нужно всего лишь только одно – в отношениях с людьми не принимать себя в расчёт. Можно сказать, что такая позиция была девизом жизни сказочника. Нигде и ни в чём он не жил для себя. Его радостью была радость его любимых. Его любимые были его сокровищем. Целомудренный и чистый Джеймс относился к ним в полную меру своей кроткой души, в которой горел тихий огонь благодатного творчества, способного делать землю лучше.

«Питер Пен» проникнут тихой грустью о том, что люди редко понимают друг друга. Мы знаем, что и жизнь Джеймса складывалась порою трудно. Развод с единственной женой, склонность к печали, всё это было в его жизни. Но Господь посылает каждому утешение и Барри имел в своей жизни настоящего друга. Вернее, подругу.

Сильвия Ллевелин. (1866-1910) Она была матерью пятерых детей и другом всемирно известного сказочника.

Джеймс Барри познакомился с Сильвией в парке, она была замужем, и он стал другом их семьи. Светлый и добрый сказочник Джеймс все годы дружбы радовал и Сильвию, и её родных. Он был близким человеком и для её детей – пятерых мальчиков, которые позднее станут прообразами детей из волшебной страны в его сказке. У Джеймса и Сильвии были по-настоящему духовные отношения, чистые и высокие, как высокая поэзия. Джеймс утешал её, когда она грустила, учил видеть ценность в каждой минуте жизни, важности каждого человека перед Господом. Но и Сильвия была для него вдохновительницей и поддержкой его души. Ведь для правильного духовного роста мужчине необходима такая женщина-друг. Простая и неприметная английская домохозяйка была светлым человеком, рядом с которым каждому становилось теплее и лучше. В её присутствии утихали душевные раны. Она умела понимать и знала, как это драгоценно – быть понятой... Наконец, она была первой слушательницей его сказки. Тому, кто никогда не ничего не писал трудно понять, сколько много значит в сердце автора такой первый слушатель, сердцем которого управляет истинная, духовная любовь.

В 1907 году умер муж Сильвии, и Джеймс стал много помогать ей деньгами. Они продолжали дружить. Сказочник часто приходил к ней, наверное, чаще, чем позволяли приличия викторианского общества, однако их отношения до конца оставались именно дружбой, и они любили друг друга как друзья. Их отношения были тихим светом для них двоих, и для детей Сильвии. Но потом она заболела раком и в 1910 году умерла. Джеймс взял всех пятерых детей Сильвии к себе на воспитание и заботился о них до того, как они выросли и завели собственные семьи. Все дети стали добрыми и порядочными людьми.

Вот такая история. Одна из многих историй, произошедших на свете. Я верю, что теперь, спустя столетие, все эти люди не утратили своей тихой и светлой дружбы и в раю, куда приходит всякий, кто, по слову сказочника Джеймса Барри, перестаёт быть «молодым, непонимающим и бессердечным» ...

Сельма Лагерлёф
(1858-1940)

Бог касается каждого человека, но жизни тех, кто любит Его, он обращает в чудесную сказку, лучше которой ничего нет и которой никогда не будет конца. Один из светлых примеров этого – чудо, произошедшее с маленькой будущей сказочницей – Сельмой Лагерлёф.

Когда Сельме было три с половиной года, у неё неожиданно отнялись ноги. Она очень испугалась, и смогла успокоиться только тогда, когда её няня, Большая Кайса, пообещала всюду её носить с собой. У семьи Сельмы были знакомые – капитан дальнего плавания и его жена. Когда Кайса спрашивала, как жена капитана не боится отпускать его в море, та отвечала: «Господь хранит его». И добавляла, что у них на корабле есть райская птица. Маленькая Сельма очень хотела увидеть эту птицу, и такой случай представился, когда ей было 9 лет. Родители взяли Сельму на корабль, и когда взрослые ушли разговаривать, девочка попросила маленького юнгу показать ей птицу. Тот провёл её в каюту капитана, где находилось это доброе игрушечное изображение. Но Сельма верила, что птица и вправду из рая, сложила ладошки в молитве и стала просить любимого Господа об исцелении. На палубе послышались крики: «Сельма!

Сельма!» В каюту вбежали родители с капитаном. Они в удивлении спрашивали, как она сюда попала. И тут только Сельма сообразила, что прошла весь путь к райской птице своими ногами. С тех пор она снова обрела возможность ходить.

Мудрость сказочников есть мудрость, дарованная Духом. Сельма говорила, что величайшее несчастье – это ранить чувства других людей.

Писательница получила в жизни множество почестей от соотечественников и различные литературные премии, включая Нобелевскую. Но когда её спросили, какие из почестей она наиболее ценит, она сказала: «Возможность участвовать в жизни моих читателей. Помогать им».

Приходилось ей, впрочем, и выслушивать многочисленную критику в свой адрес, в частности от шведских протестантских пасторов, которые считали, что единственно возможная литература – дидактическая. А потому они не понимали, что подлинно великая книга воспитывает не через мораль, но явление онтологии мира, когда читатель вдруг понимает, что только добрый может считаться подлинным человеком.

У Бога всё всегда бывает вовремя и на своём месте. Так, годы детства, когда маленькая Сельма была больна и не могла ходить, она слушала предания старины, сказки и родовые хроники, которые ей всё это время рассказывали бабушка и тётя. И все эти чудесные легенды позднее помогали ей в творчестве, направив её перо в русло сказки, так как именно через сказку писательница полнее и глубже видела и открывала людям Господень мир.

Каждого из нас Бог приводит в мир тогда и так, чтобы наша красота раскрылась в нас наиболее полно. К этому раскрытию красоты, уврачеванию изначальной людской способности освящаться и освящать и относится всё, что только случается с нами.

Сельма вскорости исцелилась по молитве к Богу, но опыт детского внимания к сказочности мира, выраженной в рассказах её родных остался с ней навсегда. Так и каждый из нас однажды увидит всё, случавшееся с ним, как Господню милость, направленную на умножение красоты нас самих.

Редьярд Киплинг
(1865 – 1936)

Киплинг, известный своим романом «Маугли», написал так же и совершенно необыкновенные исторические сказки, которые он назвал «Сказки старой Англии».

Киплинг, столь любивший древность и экзотику, обратился к истории Англии будучи известным писателем. До того он много путешествовал по странам и обосновался в английском графстве Суссекс только в 1904 году. Суссекс известен древней историей. Ведь англичане живут в стране, события которой уходят далеко за вторжение легионеров в Британию – к саксам, кельтам, пиктам и дальше – в тайную глубину веков. Купив для своей семьи древний дом на окраине дорог, Киплинг распорядился копать там колодец. В ходе работ копающие нашли ложку времён Кромвеля, а потом часть лошадиной упряжки времени римского владычества над островом.

Киплинг потом писал: *«Неподалёку, – находилась длинная, покрытая зеленью гора из шлака, – все, что осталось от очень древней кузницы, работавшей ещё при римлянах и с тех пор без остановки до середины восемнадцатого века... Каждый метр этого уголка был полон живыми призраками и тенями».*

В этих сказках Киплинг показал, что всё настоящее вырастает из прошлого, и что наше поколение – не первые, кто живёт на земле. Пикты, галлы, крестоносцы, кельты, норманны – все они были и есть, и теперь в руке Господней, потому что смерти нет, а есть мир как история встречи человека с небом, и эта встреча у всех происходит по-разному.

Киплинг открывает, что все формы правления, империи и королевства – смертны, а люди, которые их населяли, живы и переживут галактики. Так, через сказку, автор являет единство бытия, каким оно видится только для подвижников, но сказка помогает и простому читателю узреть его.

Киплинг говорил о своём произведении: *«Я расположил материал в три-четыре наложенных друг на друга слоя, которые могут открываться читателю, а то и нет, в зависимости от его возраста и жизненного опыта»*. Но и в нашем большом мире глубина и суть открываются лишь по мере возрастания человека к небу. Исаак Сирин писал об этом явлении: *«Бог открывается по силе жития»*. А в Боге уже и всё остальное, что только бывает и существует, или когда-то было на свете.

Эти сказки – подлинное богословие мира и истории, когда бытие оказывается и путём и одновременностью, и прошлое смотрит в настоящее, прошлое живо. Все, кто когда-то был, существуют у Бога, и они же помогают идти тем, кто сейчас должен пройти земной путь. Помощники на этом пути – наша честь, совесть, подлинность, верность, наше служение драгоценной нам красоте.

Каждый уголок мира существует не просто так, он существует в истории, которая есть история промысла Божьего, ведущего всех нас к истине. Но нам это открывается постепенно, как дети вдруг узнают, что камень, служивший поилкой для кур, оказывается чумным камнем, который выставлялся у входа в больную деревню. Камень имеет историю, как и вся земля вокруг. Тысячи людей жили тут, искали, дружили, старались. Книга Киплинга позволяет как бы оглядеть, как росла на земле красота.

Пусть для современных людей столько древних имён никогда не будет известно – все они – неизвестные в истории, жили не зря. Сделанное ими когда-то добро до сих пор даёт свои всходы в мире, и так будет продолжаться до Пришествия Господня. *«Никакое добро, как бы маловажно оно не было, не будет пренебрежено Богом»* – пишет Иоанн Златоуст. Это ещё и потому, что мы возрастаем к небу благодаря безвестным поступкам тысяч безвестных нам людей, живших прежде нас. Их молитвы, труды, верность и подлинность – дают всходы и через тысячи лет. Хотя мы так мало знаем об этом, что наконечник каменной стрелы, которой древний, безвестный герой оборонил деревню от стаи саблезубых тигров, принимаем за обычный, неинтересный камешек. И, всё же, его поступок, как и песни, сложенные людьми в его память, пусть давно забыты, но живут в душах тех, кто пришёл им на смену, вплоть до нашего времени. Ведь и мы и всё наше стремление к свету слагаются из миллионов стремлений, бывших у прежних людей прежде, но настроивших настоящее на это важнейшее из стремлений – во что бы то ни стало отыскать свет, чтобы всем сердцем и разуменьем служить ему.

Евгений Шварц
(1896-1958)

Евгений Шварц – единственный сказочник советского и досоветского периода русской литературы сопоставимый с западноевропейскими классиками этого жанра. Показательно, что появился он в СССР, когда всякое свободное слово было под запретом. И здесь его сказки засияли вечным напоминанием, что добро и зло местами не меняются, как бы того ни хотелось умникам, циникам и тиранам.

В сказке «Властелин колец» есть эпизод, когда эльф говорит хоббиту, что хоть хоббиты и отгородились от мира в своей Хоббитании, но мир от них не отгораживался. И Шварц заново открыл людям, что хоть и можно изгнать мысль о Боге из души или общества, но Бога изгнать невозможно, и Он всё так же стучится в сердца забывших о Нём людей. Ведь красота мира и жизни – всегда только в Нём.

Одна девочка часто думала, что в каждом человеке есть недостатки. А как-то увидев икону Христа, ещё не зная, Кто это, она удивлённо сказала: «Мама, что же это за человек, в котором нет никакого зла?». Спустя годы она пришла в церковь как в истину и обрела веру как красоту.

В этом откровении веры как красоты – миссия сказки. Ведь красота – одно из имён Бога, и всё что Он творит – красиво и хорошо. А ещё – полно настоящести, той самой, которой так часто не хватает людям, живущим формой.

Настоящестью полон осенний лес, стихи великих поэтов, да и вообще всякая истина, которая пережита сердцем, потому что только она даёт нам расти и помогать в этом росте другим.

Потому всё настоящее ужасает умников и фарисеев и радует простых, кротких и добрых. Ибо Дух Святой веселит младенцев, то есть тех, кто готов быть верным своей любви.

Перефразируя Шекли можно сказать, что жизнь не измеряется годами и десятилетиями. Сердце ведёт совсем другой счёт. Настоящесть – вот единственная мера, которую оно признаёт...

Кеннет Грэм
(1859 – 1932)

Кеннет Грэм – возможно, единственный сказочник грустной биографией. При этом его книга «Ветер в ивах» сияет надёжностью и надеждой. Такое сопоставление говорит о возможности смотреть на жизнь глубже трудностей и проблем. Не случайно Грэм обращается к сказке, которая помогает увидеть весь мир хорошим и чистым.

Тем более удивительно, если взглянуть на то, как сказочнику было трудно в жизни. Когда ему исполнилось пять лет, его мать умерла от скарлатины. Отец алкоголик тотчас покинул троих своих детей и уехал во Францию и обратно уже не вернулся. Кеннета стала воспитывать бабушка. Её дом стоял в саду рядом с берегом Темзы, и позднее эти пейзажи стали частью книги сказочника. В этом было его искусство превращать всякую боль в красоту. А из всех людей такое умеют одни только лишь благодарные.

После школы он хотел продолжить образование в Оксфорде, но его дядя опекун счёл это слишком дорогим занятием и потребовал, чтобы тот поступил на службу в Английский банк, где писатель проработал несколько десятков лет.

Когда Кеннету становилось на работе скучно, он брал перо и записывал свои мысли на бумагу. Так рождались его эссе, которые получили признание в литературных кругах Лондона. В основном это были рассказы о детстве, которые ему удавалось печатать при поддержке поэта У. Э. Хенли (1849 – 1903), который покровительствовал сказочнику.

Как Д. Толкин и А. Милн, К. Грэм сложил свою книгу из тех рассказов, которые придумывал для своего маленького сына на ночь. Детство само по себе есть время сказки, потому что оно отметает всякую заботу о материальном. Герои сказок, как дети, не заботятся о том, что им есть, пить, и во что одеваться. Но сказка умеет освобождать и взрослых читателей от этого суетного волнения о завтрашнем дне.

Отношения с женой Элспет Томпсон у Грэма не сложились – брак держался только на сыне. Но и сын родился больным и слепым на один глаз. А в 20 лет он бросился под поезд и погиб. Из уважения к писателю в газетах было написано, что произошёл несчастный случай. После смерти сына Кеннет почти ничего не писал и отношения с женой стали ещё более сложными.

Понятно, что каждодневное совместное пребывание двух чужих друг другу людей – это постоянная боль. Толкин писал: «Каково в дому́ – таково и самому́». Но Кеннет не убегал от проблем в сказку, а скорее, искал внутренних оснований увидеть мир хорошим и светлым. Вся доброта его сказки является прямым следствием пережитого страдания, которое не вредит человеку, но возвышает душу до смысла.

Спокойствие человека заключается не в отсутствии испытаний, а в уверенности в счастливом конце. Эта уверенность прорастает во всём том важном и простом, что, как мы знаем, нас не обманет. Одна из таких ценностей – дом друга. Другая – его сердце, где мы живём. Ведь дом души – это другая душа.

Быт, обычная жизнь, могут быть освещены глубоким внутренним светом. В ромашке и лилии не меньше поэзии, чем в золотом дворце.

Вещи близкого существа, его дом, могут дарить чувство защищённости, – человек не один в этом мире и никогда не будет один. Что бы ни случилось – всегда есть Тот, Кто стоит на страже нашего сердца, и не позволит случиться злу. Он, стоящий, слишком велик, чтобы звать Его по имени в сказке, но, наполняя всё здесь, Он – защитник от зла для всех жителей земли.

Знаешь ты о Нём или нет, веришь в Него или отвергаешь – Он вечный рыцарь твоей дороги в добро.

От Него получает благословение ужин на природе, и прогулки по реке, и дружба, и любовь близкого человека.

В книге Кеннета Грэма эта мысль выражена в главе «Свирель у порога зари». Где Крот и Дядюшка Рэт ищут пропавшего детёныша выдры и находят его у ног Того, в Ком узнаётся Христос.

Когда они плывут на лодке обратно, то Рэт говорит, что песней этой встречи наполнено всё мироздание, и от неё всё и навсегда становится чистым и светлым.

Бог не требует за спасение никакой награды, Он ни о чём не просит, но кротко, величественно и беззащитно дарит каждому Свою поддержку и помощь.

Всякое создание величит Господа и поёт о Нём песню, услышанную Рэтом. Крот на это отвечает, что не слышит никакой песни, а ему чудится только ветер в ивах.

Отсюда, от этой метафоры, название книги Кеннета Грэма «Ветер в ивах».

Ветер в ивах – это песня о Христе воскресшем, Который придёт на помощь потому, что ты и каждый Ему предельно нужны, в независимости оттого, знает об этом человек или нет.

Ещё один трогательный мотив книги – это тема старшего друга, который может сделать то, чего не может романтичный и непрактичный чудак – заменить лампочку, взять с собой достаточно провизии, найти ночлег и дорогу в незнакомом месте. Таков дядя Рэт для Крота. Как говорила одна романтичная девушка о своём муже: «Я воздушный шарик, а потому мне нужен тот, кто будет меня держать за ниточку». Романтику нужен кто-то, кто поможет ему в бытовых вопросах, чтобы тот мог спокойно и дальше быть романтиком. И этот кто-то не обязательно приземлённый глупец, не человек толпы, но архетип мужчины вообще. Того, кто придёт и возьмёт на себя любую твою заботу. Того, кто готов носить всякую твою тяготу, чтобы ты ступал прямо и ровно. Того, наконец, кто защитит от всякой угрозы и огорчения. Это и архетип родителя, который всё знает и может с точки зрения ребёнка. Такие люди встречаются и в нашей жизни, хотя и являются в ней огромным подарком — им всегда есть до нас дело и нет у нас никакой проблемы, которую бы они не решили. Если на кого мы и можем положиться — так это на них. Таков всякий, через кого Бог приходит в нашу жизнь, чтобы дарить нам тепло и свет.

«Крот подпрыгнул сразу на всех четырёх лапах в восхищении от того, как хороша жизнь и как хороша весна, если, конечно, пренебречь весенней уборкой». В чём тут секрет? А он в том, что кто-то надёжный и добрый непременно сделает эту уборку за нас.

Здесь важный секрет книги — нам есть на кого опереться и кому довериться в жизни. Что бы ни случилось, нас не оставят, мы не будем одиноки, разве только недолгое время, как Крот, заблудившийся в лесу. А потом к нам придут друзья, которых направит Основатель Добра и Сказочник этого мира.

Катарсис в книге приходит в самом чувстве избавления, которое разрывает путы времени и мира сего и льёт в нашу реальность ту небесную красоту, которой мы оказываемся предельно нужны. И от этого наши крылья снова распрямляются, и мы видим, что ни одну минуту не были и не будем оставлены на этой земле. Мы будем жить и любить без страха, а в сердцах у нас снова будет раздаваться тот вышний голос, который услышал дядюшка Рэт после чудесной Встречи: *«Прихожу, чтоб не мучился ты, — Я пружину капкана сломать. — Как силок твой Я рву, видишь ты наяву».* А знающий, что он нужен, никогда не сможет забыть об этом. Это знание каждый час будет направлять его жизнь к добру и счастливому концу каждый раз, когда он будет нам очень необходим.

Часто то, что кажется людям недостатками, на деле есть особенности личности. Так, медлительность и неуклюжесть Крота есть проявление его погружённости в созерцание своей души. И даже там, где недостаток определённо есть, как, например, хвастовство мистера Тоуда, за ним может скрываться желание одинокого существа быть хоть кому-то нужным. И здесь автор сказки гениально показал, что, когда мы видим внутреннюю красоту другого, мы становимся невнимательны к остальному. Ведь недостатки, если они и есть – временны, а красота – вечна.

Касаясь мира сказки, ещё раз понимаешь, что единственная красота – доброта.

Сказки есть, прежде всего, материнская забота Бога о мире, и всех, в нём живущих.

Литературная сказка только открывает, что эта забота всегда существует, и помогает распахнуть сердце той несравненной нежности, с которой Господь касается жизней наших.

Подобно платоновской философии, где видимое имеет основания в невидимом мире идей, роман «Ветер в ивах» есть гениальное утверждение той мысли, что чудесность, сказочность и красота мира возможны благодаря тому, что его касается и о нём заботится Бог. А потому, если вслушаться в бытие, то мы услышим, как вселенная поёт песню о Нём. Мелодия этой песни зовётся в романе «ветром в ивах».

В благодати мир предстаёт хорошим в котором хочется жить и умножать всяческое добро.

Мистер Тоуд (Жаба), есть образ того, что недостатки не означают, что человек плох.

Однажды некий священник жаловался на то, что можно много лет помогать людям, а потом они находят в тебе некий недостаток и перечёркивают всё сделанное тобою для них добро.

Взрослые вообще, как правило, смотрят на других осудительно, всякий поступок человека примеряя к себе, а потому всё иное для них – не сходится. Дети и подвижники смотрят просто, без осудительной оценки. Это зрение даёт и сказка. Тоуд хвастлив, нудноват, напыщен, подчас тщеславен. Но он – друг для Крота и Рэта, а потому его, скажем так, человечность, для них больше всего остального и неизмеримо важнее.

Это можно сравнить со словами святого Силуана Афонского о том, что у человека, как у дерева, могут быть сухие ветки, но это не мешает ему быть светлым и вмещающим в себя благодать, так как в целом он – зелёное дерево.

Любящий умеет видеть Святой Дух в сердце любимого.

Барсук – это образ мыслителя, который не верит в то, что может растолковать свои мысли людям. В этом он чем-то похож на глаза с икон Григория Круга, который, по слову Алексея Второго, писал святых как тех, кто всё ещё помогает роду людскому, но уже отчаялся что-нибудь объяснить.

И Барсук настолько разуверился в контакте с другими живыми существами, что не замечает и явных знаков дружбы со стороны Тоуда, Рэта и Крота.

Образ Барсука есть мягкое напоминание о том, сколь опасно быть мыслителем только для себя, без служения другим. Но он же и о том, что, для того, чтоб понять чью-то высоту, нужно и самому быть высоким душой. Неслучайно обыватели в сказке в негативном ключе перетолковывают даже добрые действия Барсука – слишком он иной для них. И нужно иметь мудрость принятия иного, чтоб непохожесть оценить и принять в сердце.

«Ветер в ивах» – ещё и о том, что каждый настоящий и добрый – иной и неповторимый. И только зло (в сказке – ласки и горностаи) – однотипно и уныло похоже.

Без христианства мир даже великой сказки останется, во многом, миром мечты. Истинная вера даёт читателю ключ к дверям, распахнув которые, мы увидим весь мир как сказку.

Туве Янсон
(1914 – 2001)

У Джона Толкина есть мысль о том, что каждый садовник может спокойно работать на своей земле только потому, что в мире есть нечто самое высокое, и оно делает ненапрасным его труд. Можно сказать, что книги о муми-троллях – об этом же. Муми мир – это мир, который объединён вокруг доброты. Особенно это чувствуется в последней, самой горькой части серии «В конце ноября». Там многочисленные персонажи вспоминают, как хорошо им было в доме мумии Мамы, и приходят туда. Но, как оказывается, муми-тролли куда-то ушли и их больше нет. Их ждут, на их возвращение надеются, но, в конце концов, все, кроме маленького хомсы, уходят грустить в свои одиночества. И, всё же, муми-тролли возвращаются, а с ними возвращается и надежда.

Человек может жить, только если знает – где-то его, по-настоящему, ждут и любят. Без этого знания никакой рыцарь не смог бы пуститься в поход. Чтобы биться с драконом, непременно нужна ценность, которую нужно от дракона защитить. Конечно, такой ценностью могут быть только любимые люди. Но ещё такой ценностью является само волшебное царство, выражающееся в цельности души героя. Эту цельность дарует внутренний свет, когда герой вопреки чему угодно видит окружающий мир хорошим и чистым, каковым он на самом деле и является.

Именно это отличает тех, кто в нашем мире «как дети». Они всегда видят мир хорошим, а людей способными к доброй перемене. Эта черта особенно раздражает всех «взрослых» и знающих как правильно жить. Чистота взгляда зависит от чистоты сердца. А чистота сердца – от способности жить для других. Таково условие сказки и жизни – сколько ты живёшь для других, столько ты и есть человек. Это норма райских отношений, норма любви. Именно она редко встречается в мире «взрослых», потому что они слишком много думают о себе.

Жизнь на земле слишком коротка для того, чтобы тратить её на себя. И этот закон – путь в вечную жизнь и в сказке, и в большом мире Господнем…

Жители муми-долины

9 августа 2014 года исполнилось 100 лет со дня рождения великой сказочницы и создательницы мира муми-троллей, Туве Янсон.

Мир со времён падения Адама и Евы не знал простых времён. И всегда, как бы человеку не было трудно, ему хотелось увидеть всё происходящее с точки зрения неба. Именно поэтому одна из древнейших книг Библии – книга Иова, в прологе которой извечный враг обвиняет праведника, что тот служит Богу просто потому, что Бог во всём защищает его. Это обвинение было направлено на саму сущность мироздания и заключалось в вопросе – можно ли любить другого просто потому, что он есть. Великий Иов всей своей верностью Господу в своей боли говорит, что такая любовь возможна. И на суд Иов вызывал Господа не для того, чтобы Его обвинить, но, чтобы Бог оправдался. Чтобы понять, что у Бога есть самый удивительный план относительно мира и человека, чтобы всё, что существует, привести к радости.

Книга Иова – прообраз всех сказок или сказка, бывшая на самом деле. Потому, что она даёт возможность взглянуть на страдания сверху, с перспективы хорошего конца для всех, кто старался быть добрым.

Из всех литературных жанров этот взгляд, в большей мере, присущ именно литературной сказке. Книги Туве Янсон тут не исключение. Это мир, в котором хочется быть, потому что населяющие его создания человечны друг ко другу. В большом, людском мире тоже встречается человечность, но не так сконцентрировано, как в этой сказке. Ещё святой Амвросий Оптинский говорил, что самое большое сокровище – это найти в друге сердце внимательное. Или, по мысли Достоевского, человеку всегда должно быть куда пойти. Муми-тролли и их друзья – это тот самый дом, где каждый относится к другому как к самому близкому и дорогому существу.

Жители муми-долины не озабочены вопросами, где им жить, что есть, что пить и во что одеваться. Просто потому, что они знают – всё это им всегда дадут их друзья. А, ведь из всех чудес, это самое чудесное, когда у близких одно сердце и одна душа на всех, и никто ничего не зовёт только своим, но радуется, когда может принести свет в сердце друга.

Всякую боль, всякую трудность тоже можно встретить сообща. Ведь единственное утешение – это любовь друга. Когда-то, в нацисткой Германии, ставили такой опыт – людей надолго погружали в ванну с ледяной водой, а потом извлекали их и смотрели, какие способы могут продлить им жизнь. Результат этого жестокого опыта был необычаен – выживали только те люди, к которым после ледяной ванны приводили любимого человека. Там, где не помогла медицина помогала только любовь. И в жизни каждого из нас тоже есть такие удивительные люди из муми-долины, которые по-настоящему дороги нам, и которым нужны мы. А пока это так, пока мы любимы и дороги, наш мир не может быть разрушен. «Мир стоит молитвами святых», – говорит святой Силуан Афонский, а значит, мир стоит любовью любящих и надеждой ждущих. И она, надежда эта, никогда не бывает напрасной, даже если в муми-дол приходит грустная осень, но так тоже надо, «ибо без неё не бывает новой весны».

Астрид Линдгрен
(1907-2002)

Люди видели в Астрид ту мудрость, которой можно доверить мысли и знать, что она поможет обрести душевный мир. Йенс Андерсен пишет об этом: *«Пожилую Астрид Линдгрен считали «клока гумма» – мудрой старицей – и духовной наставницей всей Скандинавии, ей можно было открыть сердце, у неё можно было спросить совета в трудный час».* За всю жизнь сказочница получила 75000 писем благодарностей, просьб о совете, восхищений и вопросов. Из них половина от детей и подростков из 50 стран. И это не должно удивлять, когда в книгах автора видишь подлинный свет, то готов довериться его видению света, а если он твой современник, то и написать ему письмо.

Думая о праведниках, героях и поэтах древности и знакомых нам лично, слушая великие стихи, музыку и слова любви, вдыхая свет, разлитый в природе и дружбе, нельзя не воскликнуть: «Благословен Бог, дающий бессмертие всему, что его достойно!».

К Астрид обращались подростки, которые считали себя глупыми и никчёмными, и она старательно разъясняла им, что они не зря существуют в мире. Астрид писала: *«Любовь – лучшее лекарство от страха и неуверенности».* В таком тёплом отношении был её секрет, она умела пробудить в подростках чувство доброй их значимости и уверенности, что боль никогда не может быть навсегда с тем, кто идёт к добру.

Линдгрен помогала детям и подросткам открывать для себя этот мир как место для радости и приключений, а на боль смотреть в свете конечной победы добра.

Жизнь для неё была неожиданностью, которой всегда можно довериться, и она хотела радоваться о этой тайной музыке мира, которую мы зовём благодатью. В своём ликовании она была способна к странным с точки зрения взрослых поступкам. Например, могла впрыгнуть в быстро движущийся трамвай.

Астрид, подобно Андерсену, открывает сказку среди мелочей жизни, среди, привычного нам, города и образа жизни.

Астрид создала новый тип сказки. Её истории, чаще всего, происходят в обычном мире людей и открывают его как необычный и радостный. В нашем мире интересно жить – таков девиз героев её книг, и со страниц он легко переходит в сердце.

У Астрид был дар свою увлечённость (например, идеями нового воспитания) вознести до поэзии, то есть, открыть в повседневном явление более глубокое, более духовное, чем кажется поверхностному взгляду. Это и есть истина или сказка.

Женщины, как правило, жалуются, что их бытовые дела вовсе не поэтичны. Астрид открывает поэзию в приготовлении обеда, уборке квартиры, возне с малышами. Всё зависит от высоты сердца человека, совершающего простое дело. Даже обычный обед становится трапезой, когда в нём присутствует сказка (как в «Мио, мой Мио»). Но что есть сказка? Это сама чудесность бытия. Человек живёт на земле, а потому делает земные дела, но его высокое сердце обращает всю землю, всё, чего он коснётся, в небо. Дела останутся теми же, но сквозь них проглянет эльфийская красота. Она всегда была там. Сказка просто сделала читателя зорким.

Сказка нужна для того, чтобы знать, что наш мир – всегда хороший и добрый. А потому наш труд в нём имеет значение, ведь добрый трудится не для себя, но для тех, кто живёт в его сердце. Таковы персонажи Линдгрен: Карлсон, Пэппи – они кажутся окружающему их чопорному обществу чуть ли ни хулиганами, но на самом деле они дурачатся и шалят, чтобы показать всем этим чинным и важным взрослым, что истинно ценное невозможно купить за деньги, даже если у тебя их очень много.

Другое, о чём говорят её персонажи, что вся наша жизнь – чудесна и сказочна и что её вовсе не нужно тратить на глупую погоню «что есть, что пить и во что одеваться», потому что не затем мы приведены в этот мир людьми.

Её сказки таковы, что, читая их мы видим – стоит только довериться Небу и делать подлинные дела, как само Небо позаботится обо всём остальном, потому что лишь серым и злым персонажам Своей сказки Великий Сказочник мира даёт нудную заботу «собирать и копить». Тот, кто ищет своего – не находит своего. Таковы все многочисленные разбойники сказок Астрид – их усилия просто нелепы на фоне того настоящего и высокого, ради чего существуем мы и вселенная.

Основная мысль «Карлсона» и «Пеппи» – жизнь, это место, где интересно жить.

Астрид учит, что жизнь стоит того, чтоб её любить. Мир её сказок принципиально противится любому унынию. В нём есть та лёгкость, которая отличает истинных христиан, и за которую их так не любят все тяжеловесные фарисеи.

Когда поэт Борис Пастернак жил на даче у друзей, он старался помочь хозяйке дома в бытовых вопросах: принести воды, приготовить еду. И если она смущённо говорила, что не может обременять великого поэта подобными мелочами, он отвечал ей, что один из важных смыслов поэзии в том, чтоб увидеть эту поэзию в обычной жизни обычного человека. И тогда, силой искусства, зрением неба, такой человек окажется вовсе не мал, но предельно велик и значим. Так сбудутся строки Эмили Дикинсон: «Мы не знаем, как мы велики, пока не встаём во весь рост». Истинная поэзия и сказка показывают нам этот полный рост человека во всей эпичности его малых дел, столь важных во взгляде Господнем.

Таковы сказки Астрид, они все об обычных людях, которые достойны любви и нежности просто потому, что никто на земле ни мал, если смотреть на нас глазами добра.

Карлсон – это вызов обществу, где всё размеренно и на филистерский манер правильно. Вызов всему миру взрослых, где важными становятся незначимые вещи и откуда уходит радость о том, что ты просто живёшь на свете.

Как говорила другая героиня писательницы, Пеппи (такой же антигерой для взрослого мира, как и Карлсон): *«Взрослым никогда не бывает по-настоящему весело. Да и чем они заняты: скучной работой или модами, а говорят только о мозолях и подоходных налогах»*.

Взрослым часто свойственно воспринимать доброту, человечность и поэтичность как слабость. Эту манеру восприятия, из которой исключено всё духовное, принимают и многие современные дети, для которых чтение классики тоже выглядит какой-то слабостью, на фоне технических новшеств и пунктов обмена валюты. И тут Астрид Линдгрен открывает, что сказка легко входит в повседневность, а вот все, кто не желает войти в сказку, ущербны. Карлсон и Пеппи – это вторжение чуда в обыденность, и чудо – это оказывается подлинностью, не в пример примитивному «магическому реализму» латиноамериканских авторов.

Высокая сказка даёт прикоснуться к настоящести, которой полна наша жизнь на глубине встречи с Богом, но которая открывается только тем, кто умеет посмотреть на красоту снизу вверх.

Честертон пишет: *«Простой человеческий дом так же романтичен, как призрачный приют на вершине дерева или таинственно-укромная нора под камнями»*. Но для того, чтобы это увидеть необходим почувствовать, как небо сияет поэзией из всех вещей: старой чашки и набора фломастеров.

Маленькая Астрид верила в Бога, но, не имея никакого реального мистического опыта переживания Его реальности, в зрелые годы утратила детскую веру, долго, впрочем, не признаваясь в этом газетчикам, чтоб не расстраивать своего отца. Случай этот не удивителен, ведь в протестантском окружении невозможно пережить Бога как реальность, и потому верующие сказочники, такие как Андерсен или Льюис, приходили к ощущению Бога не благодаря протестантизму, но вопреки ему, неким литургическим чувством благодарности за бытие. Потому в своих мистических интуициях Андерсен и Льюис столь непохожи на вовсе не мистичный протестантизм. Напротив, мы находим в их наследии литургичность православия и вполне можем их назвать анонимными православными.

Астрид, вглядываясь в красоту мира, ещё не умела благодарить за всё так, как Честертон или Андерсен, но она, несомненно, была глубже своего неверия – нечувствия Бога. Так в старости она признавалась, что «молится Богу, когда отчаивается», хотя во всё остальное время и не верит в Него. В первый раз она так обратилась к Творцу в 1940 году, когда страшилась, что русские войска займут Швецию. «Господи, не дай русским до нас добраться!», – взмолилась она. Нужно сказать, что её молитва была исполнена...

В лучшие минуты своего вглядывания в жизнь она видела неосновательность своих сомнений в Господе, хотя так до конца жизни и не смогла пережить реальность Неба. Впрочем, без церковных таинств это и вправду трудно, и здесь нужна какая-то великая литургическая благодарность Андерсена, чтобы ясно чувствовать Господа и чувствовать Его именно как родного, что несвойственно западу, для которого Бог – это, прежде всего, мировой судья и начальник. Сказка же, напротив, открывает Его как близкого.

Вот что сказала Астрид газетчикам в 1992 году по поводу своего отношения к вере:

«Откуда цветам известно, что весной они должны распуститься, откуда птицам известно, что они должны петь? Учёные думают, будто всё могут объяснить: творение, всю историю человечества. А я – я спрашиваю: как всё может быть настолько упорядочено? И почему же мы, люди, столько думаем о религии? Что наводит человека на такие мысли? Так что я сомневаюсь в собственных сомнениях».

Слушая эти признания агностика Астрид, невольно вспоминаешь слова блаженного Августина: *«Ты создал нас для Себя, и беспокойно мечется сердце наше, пока не упокоится в Тебе».*

Аллан А. Милн
(1882-1956)

Во время I мировой войны сказка о Винни-Пухе пользовалась колоссальным спросом, так как эта сказка вдохновляла и поднимала настроение. После войны тиражи росли потому, что людям хотелось радости.

Милн писал: *«на вопрос «что ты сделал со своей жизнью?» я отвечу: «Я наслаждался ею, а иногда она приво-*

дила меня в изумление». И сказки Милна дают читателю изумится тому, как чудесна на самом деле жизнь.

Свою жену писатель встретил на вечеринке, преодолев застенчивость пригласил её на танец и в тот же вечер сделал ей предложение. У Дороти (Дафны) был трудный характер, но Милн всем сердцем любил её и всегда прощал. Даже когда у его супруги случился роман, и она ушла к некому американцу, а спустя время вернулась, то Милн не сказал Дафне ни одного слова в упрёк. Милн привык скрывать свои чувства, но был ранимым и впечатлительным, как и многие писатели. И он всегда боялся, что жена уйдёт от него.

При этом Дафна по-настоящему ценила труды мужа и поддерживала его и когда он был редактором журнала «Панч» и когда писал книги. Вот как вспоминает об этом Милн:

«Мне повезло как писателю: все, что мне хотелось писать, как правило, хорошо продавалось. Мне не повезло как бизнесмену: как только оказывалось, что такая-то тема хорошо продаётся, мне уже больше не хотелось о ней писать. Мне повезло как мужу: в семье меня поощряли быть писателем, а не бизнесменом».

Не смотря на все трудности семейной жизни она умела поддержать Милна. В автобиографии он трогательно описывает, как Дороти (Дафна) плакала, когда он уволился из журнала, потому что ощутил – этот период в его жизни уже прошёл и он вырос для новых трудов.

Интересно, что прежде их знакомства девушка полюбила милновские публикации в известном журнале.

Милн писал романы и пьесы, часто хотел убежать от сказок, но после выхода «Винни Пуха» мир воспринимал его именно детским писателем.

Милн писал об этом: *«В Англии проще создать репутацию, чем потерять ее. Я написал четыре «детских книж-*

ки», общим объёмом около семидесяти тысяч слов – приблизительно как один небольшой роман. В этих семидесяти тысячах слов я высказал все, что мог, на эту тему и распрощался с ней. Для меня все это ушло в прошлое. Я хотел удрать от детских книг, как в своё время мечтал удрать из «Панча». Я всегда откуда-нибудь удирал».

Он говорил, что писатель высказывается раз и навсегда, ему нет нужды возвращаться к тому, что он уже принёс и открыл.

Он долго стремился получить должность редактора журнала, а потом бежал от этой должности, когда почувствовал, что перерос её.

Для Милна была очевидна истина того, что жизнь связана с тем, что и как мы умеем говорить и видеть. *«Писатель пишет так, как пишет, потому что он таков, каков есть. А стал он таким, потому что живёт так, как живёт».* Другое, что важно понять о писателе – он, как и всякий человек, ищет радость быть любимым. А если он ещё и сказочник, то он чувствует, что любовь существует, даже если в своей жизни у него было так мало шансов убедиться в этом...

Кристофер Милн (сын писателя) в книге своих воспоминаний рассказывает, что как-то однажды во время обеда отец обратил внимание на то, что он держит вилку и нож остриями вверх. *«Знаешь, –* сказал Милн, *– пожалуй, не стоит так их держать».* *«Почему?* – спросил сын. Конечно, вспоминает Кристофер, отец мог просто ответить: «потому что так не делают» или «потому что я так тебе говорю», но он посмотрел на потолок и задумчиво сказал: *«Представь, что кто-то провалится к нам сквозь потолок и наткнётся на них. Ведь ему будет больно, правда?»*

Здесь, в этих словах, традиция английского нонсенса вырастает до всеохватного храмового измерения, когда вселенная через сказку (и молитву) мыслится как одно целое и являет себя как целостность. Не просто шутка о ком-то, кто может упасть сквозь потолок сверху, но ощущение единства всего, что происходит в бытии. Так мир видят чистые сердцем люди. Таким его открывает литургия, Библия и высокая авторская сказка.

Как часто и бывает, задатки писателя в Милне разглядели его родители и помогли ему их развить. Милн рос в семье, где детей поощряли к творчеству, понимая, насколько это важно для развития личности.

Сказочник обращает свою речь к детям, потому что для них очевидны, как несомненность добра в этом мире, так и его победа. Незамутнённое чувство истины (которое заглушается лишь грехом) легко убеждает их в этом. Из взрослых такое ведение имеют одни только чистые сердцем, кто живут как дети. Потому тем из взрослых, кто утратил способность духовно постигать мир, сказки кажутся детской забавой. Чистые же люди и дети усматривают в них конечную, библейскую правду о мире. Таков и «Винни Пух» – книга о том, как человек вырастает. То есть, его изначальная детскость должна подвергнуться испытанию, пройти путь ради умножения добра в мире несчастных, кто не чувствует на всём дивного присутствия Святого Духа. Пройти этот путь – есть нечто общее для каждого, задуманного Богом в бытие человека. «Мы не можем вечно оставаться яйцом» пишет Клайв Льюис, «Либо мы вылупимся из него, либо оно испортится».

Стать большим, не должно означать утрату способности духовного осмысления мира. Правильная, праведная жизнь только усилит её. Добро в этом мире должно пройти через испытания. Человеку необходим героизм, чтобы отстоять то, во что он с самого детства веровал, как в святыню. Однако, по слову святых отцов, в раю мы будем с благодарностью вспоминать всякую возможность бывшую на земле доказать свою верность свету, пусть это всегда связано с болью и трудом. Терпеть что-то ради любимого – есть блаженство. Всякий раз, когда мы или герои сказки защищаем свою детскость от серости или тьмы – мы служим тому Богу, Который через боль умеет приводить людей к вечной радости Воскресения.

Винни Пух, персонаж детских книг Милна, подлинный богослов поэзии. Он есть некий противовес умникам, которые говорят о том, чего никогда не пережили сами. Пух же говорит то, что испытал, изведал, что стало частью его жизни и опыта.

Приведём слова Винни Пуха: *«Ведь Поэзия, Кричалки – это не такие вещи, которые вы находите, когда хотите, это вещи, которые находят на вас; и все, что вы можете сделать, – это пойти туда, где они могут вас найти»*.

Подлинный стих – не плод умственных спекуляций, не способ самореализации, не возможность блеснуть перед знакомыми умниками, а явление красоты, пришедшей в мир потому, что душа поэта коснулась неба. Здесь Пух – поэт небесного касания, потому он и не знает, что напишет в новом стихе. Собственный стих для него – повод для удивления. Он никак не ожидал, что красота будет выражена именно так. Он не монополист красоты, но она живёт в нём как дар, как благодать творчества.

Противоположен ему кролик – этакий умник, о котором Пух говорит: *«Кролик очень умный. У него настоящие мозги. Наверно поэтому он ничего не понимает»*. Честертон это же явление описывал словами: *«Вы в том состоянии, когда замечают всё, кроме сути»*. То есть, обращают внимание на никому ненужные частности и детали, копаются в корнях, но находят там не живящую дерево силу, а только червей и крыс.

Пух с опилками в голове, не значим для умников, но небо касается именно его, а не умников, как-то всегда и бывает в нашем большом мире.

Можно даже сказать, что Пух – некий выразитель древней исихастской традиции, потому что он говорит о духовной реальности, которую знает, в то время как умники из той же книги говорят лишь о том, что читали. Они набивают истиной мозг, и потому всегда ошибаются, а Пух открывает истине сердце, и потому в высшем, бытийном смысле он прав, хотя умники и смеются, считая его пустоголовым.

Есть в Евангелии строки, где Христос прямо радуется, что истина открывается тем, кто открыт ей, а нет тем, кто желали получить премию или диплом за то, что написали к ней комментарий и библиографию. *«Славлю Тебя, Отче, Господи неба и земли, что Ты утаил сие от мудрых и разумных и открыл то младенцам»*, – говорит Господь.

В мире для нас существует возможность небесного касания, но существует она для открытых небу, для хоть в чём-то на это небо похожи. О высоком и важном всегда говорится просто. Конфуцию, Данте, Шекспиру или библейским пророкам не нужны были сложные термины, чтобы сказать, в каком состоянии находится человек и где пролегает подлинный путь.

Незадолго до смерти известного европейского философа Мартина Хайдеггера журналист одной газеты брал у него интервью. Хайдеггер сказал, что разрешает опубликовать это интервью только после своей смерти. В нём он говорил о том, что прогресс будет всё идти вперёд, и потому люди всё больше будут отчуждаться от подлинного бытия и друг от друга. Чем больше будет лет человечеству, тем менее кто-то будет кому-то нужен. Огорчённый журналист спросил, есть ли у мира надежда. И неверующий Хайдеггер ответил, что у мира есть надежда, если существует Бог.

Для современного человека, особенно западноевропейского, поэт – это филолог и преподаватель, а поэзия – забавная игра ума и страстей. Но есть и другое, древнее, библейское восприятие поэта как пророка, который открывает для других небо. Если спросить, что делает настоящая поэзия в мире, то ответ будет таким – она, на радость всех добрых, открывает, что над миром и с нами всегда существует Бог. Возможно, именно потому Хайдеггер и говорил, что, если в мире не будет поэтов, философам нечего будет исследовать. Ведь поэт возглашает как реальность ту истину, которую учёный исследует только со слов поэта и со слов всех тех, кто на земле честно шёл к добру.

Вильгельм Гауф
(1802-1827)

Гауф прожил недолгую жизнь – всего 24 года, но за это время успел создать три прекрасных сборника сказок, один из которых его жена издала уже посмертно. Именно в этом третьем сборнике находится его сказка «Холодное сердце», – своеобразный итог жизни и творчества молодого писателя.

Сказки как авторский литературный жанр открыла миру эпоха Романтизма. В своих произведениях романтики противопоставляли светлую и благородную жизнь той жизни, которую ещё Аристотель охарактеризовал как недостойную того, чтобы её прожить. При этом высоту человеческой души, высоту мыслей и чувств они искали не в повседневности, а в прошлом или в том, что другие звали вымыслом, а сами романтики – сказкой или подлинный взглядом на мир.

Недаром первый сборник сказок Гауфа начинается с того, что сама Сказка больше не нужна на современной земле, потому что её оклеветала тётка Мода, и люди стали слушать больше моду, чем истину, которая облекается в одежды сказки.

Совсем недолгая жизнь сказочника, оборвавшаяся болезнью, принесла этому миру взгляд мудреца, что особенно проявляется в его «Холодном сердце». Тут угольщик Петер ради того, чтобы разбогатеть продаёт сердце злобному лесному духу. Он и вправду обретает богатство, но вместе с этим утрачивает радость жизни, живёт словно в пол силы и его больше ничто не трогает, ведь он всё может теперь купить и потому не знает подлинной цены никакой красоте. Он становится мелким тираном и ростовщиком, он много трудится, но весь его труд однажды открывается ему как полностью лишённый смысла. Тогда Петер вспоминает о Боге. *«А как будет он держать ответ перед другим, перед Тем, Кому принадлежат все леса, все моря, все горы и жизни людские?»*. Но даже эта мысль о грядущем наказании за принесённую людям боль не может его остановить. Спасение в Господнем мире часто приходит через кого-то, кто любит нас. Таким человеком в жизни Петера становится его жена, которую он часто мучает и обижает. Но именно её любовь приводит к тому, что добрый лесной дух помогает Петеру вернуть сердце. Петер лишается богатства, но обретает смысл жизни – он в том, чтобы просто любить Господа и любимых, видеть всю красоту мира и благодарить Небо за эту чудесную жизнь. Чудесную, каковой она открывается, как это, наконец, понимает Петер, одним только добрым.

И он, умудрённый опытом и убелённый сединами, подводя итог своей долгой жизни, говорит людям: *«Лучше довольствоваться малым, чем иметь золото и всякие другие богатства, но при этом – холодное сердце»*.

Отфрид Пройслер
(1923 – 2013)

Сказочный роман «Крабат» Отфрида Пройслера о юноше, потерявшем родителей во время эпидемии и ставшем учеником колдуна мельника. Сила колдуна здесь полностью деструктивна, но и зависима – и он, и его ученики оказываются марионетками в руках демонического Незнакомца, который наделяет их особыми способностями, не существующими вне связи человека с эти древним злом.

Всё злое могущество Мастера колдуна делает его полностью несвободным во всём, что выходит за рамки себялюбия и злодейства. Он равнодушен к боли, кроме собственной. Когда в его душу стучится раскаяние за убийство друга, он отодвигает покаянное чувство гордым унынием и вином. Его взгляд на мир ущербен, и он относится к добру и любви только как к силам, способным победить его. Он живёт в страхе и перед демоном Незнакомцем, наделяющим его тайной силой, и перед учениками – вдруг кто из них окажется сильнее и свергнет мельника. Все самые грандиозные мечты Мастера сводятся к тому, чтобы получить должность при дворе и чтоб придворные его боялись.

Поначалу Крабату нравится упражняться в магическом искусстве, которое даёт некое внешнее превосходство над другими людьми. Но поняв, что Мастер – убийца и обманщик, юноша откапывает в сарае свой крест, снятый ранее, так как Мастер сказал, что крест будет делать Крабата слабее. Это обращение юноши к Богу не остаётся без ответа – в ближайшую пасхальную ночь он слышит пение девушки в церковном хоре и полюбит её. А она полюбит его. И окажется, что сила, по Евангельским законам, совершается в немощи. Певунья (так называют девушку), приходит за Крабатом на колдовскую мельницу и находит своего любимого. Чары рассыпаются, мельница рухнет в пламени, а колдун погибнет. Ученики утрачивают способность колдовать, но не жалеют об этом. Ведь многие из них уже увидели, что сила не в том, чтобы интригами и колдовством влиять на политиков и богачей своей страны. Нет, сила в том, что тиранам и обидчикам кажется мелочью – улыбке любимого, жертвенности, милосердии. Всё это – ничего не значащие вещи для могучих злодеев. Но именно эти «незначимости» способны бросить реальный вызов злу и победить его.

Это и история о том, что человек вырастает в полную меру лишь благодаря любви. И тогда даже злое окружение (в сказке – школа колдовства) не способно помешать ему, ведь на его стороне будет теперь совсем иное волшебство – настоящести и красоты сердца.

«Есть другое волшебство, которое идёт из глубины сердца. Из глубины любящего сердца, когда оно печалится о другом человеке».

Такое волшебство возможно, когда кто-то говорит кому-то: *«Моя жизнь мне не дороже твоей»*. Эти слова дают герою книги – юноше Крабату, не только одолеть тёмные силы, но и разглядеть, допустим, красоту и оттенки травы, на что он раньше никогда не обращал внимание. Любовь сделала его зорким и чутким, любовь дала ему мудрость и открыла, сколько силы кроется в простом: *«Как хорошо, что она есть на свете и стоит рядом и смотрит ему в глаза»*. Но, чтобы в полной мере оценить это, требуется самое незаметное и самое важное геройство – по-настоящему жить для того, кого решилось полюбить сердце.

Клайв Льюис
(1898 – 1963)

22 ноября 1963 года умер чудесный сказочник, учёный и богослов Клайв Льюис. Когда к нему, уже тяжело боль-

ному, пришла некая добрая знакомая и спросила, узнаёт ли он её, он ответил: «Разве можно не узнать сказку?» И он был тем человеком, который узнавал сказку везде и всюду, в каждой щёлочке нашего мира, ведь всё представляется высоким и важным в лучах небесного света. И, конечно, такая сказка, как и причастные ей люди, не умирает.

Родился Льюис 29 ноября 1898 года в Ирландии. Как это часто бывает, ту красоту, которая потом проросла в нём как в писателе и человеке, первой заметила его мать. Подобно матери Толкина, она стала учить его языкам (даже латыни) и основам нравственности. В те годы Клайв был верующим ребёнком, но, как говорит Наталья Трауберг, его вера ещё не была выстрадана и выношена. Ведь за всё истинное в нашем мире приходится пролить кровь, а Льюису вера досталась просто по наследству. И была им быстро утрачена, когда его мама заболела раком и умерла, а он не смог вымолить у Бог её исцеления. Это пошатнуло в нём веру в Бога, и, как он сам говорил, веру в радость. Он писал, что со смертью матери архипелаг радости ушёл под воду и остались только малые острова. Мальчику тогда было чуть меньше десяти лет.

Его отец не имел нежности к детям (у Льюиса был брат) и отдал сына в закрытую школу, где тот должен был теперь жить. Впечатления от школы у него остались самые чудовищные. Его, как любимого им блаженного Августина ужаснули телесные наказания. И он вслед за Августином мог бы сказать, что согласился бы скорее умереть, чем ещё раз пережить школьные годы.

Отец Льюиса был алкоголиком. Не перенеся смерти жены и движимый желанием принести детям как можно больше боли, он отправил их учиться в разные школы.

Брат Льюиса был окончательно сломлен школой и быстро спился, хотя и пережил Льюиса. Сам Льюис получил в школе колоссальные душевные травмы. Казалось, всё вокруг было направлено против того, чтоб он обрёл радость, которую он знал при жизни мамы, и которую ему возвратит лишь одно христианство.

Запомнился ему учитель по прозвищу «Старик», который бил детей. Льюис через всю жизнь пронёс эту психологическую травму, и простил его только перед смертью.

Позднее он поступает в обучение к профессору Киркпатрику, который был атеистом, но сумел привить воспитаннику вкус к классическим формам мышления, честности мысли, понятие о ценности образования.

В современном мире образование приобрело узкоспециальную направленность. Образован тот, кто имеет точную техническую специальность. В классическом представлении образование – гуманитарное, так как оно даёт осмыслить мироздание и наше место в нём. Идеал такого образования – это гений эпохи Возрождения, которому интересен весь мир, все науки, все грани жизни, но осмысляет он всё это через религию.

Русский поэт Николай Гумилёв не интересовался современной ему историей и политикой, говоря, что всё это будет важно историкам лет через 200. И Льюиса интересовали только высокие вопросы религии, литературы, философии и филологии. В газетах он ценил только кроссворды. Он бы вполне согласился с Цветаевой, называвшей читателей газет «глотателями пустот».

Он умел быть благодарным за все мелочи, которые Господь нам каждый день во множестве посылает. Так, в своей рецензии на толкиновского «Властелина колец» он обратил внимание на щедрый подарок провидения хоббитам – кисет табака, и сказал, что на войне нередки такие сюрпризы, которые говорят, что за стенами ночи на землю спешит рассвет.

Такому отношению к жизни его выучила война, – и вопреки пережитой боли каждый день стал для него подарком. Он умл ценить даже старость. В одном письме он писал об этом: *«Осень и впрямь – лучшее время года, и я не уверен, что старость – не лучшая часть жизни. Но, как и осень, она проходит»*.

В юности Льюис глубоко полюбил северную мифологию – германскую и кельтскую. Ему тогда казалось, что там он находит то, чего ему не достаёт в христианстве. Но о том, почему мифы так влияют на него, побуждая к тому, чтобы жить высотой, он не знал.

Ответ придёт много позже, во время знаменитой его беседы в оксфордском саду с Толкином о природе мифа.

Когда Льюис принял христианство, он был поражён тем, сколько радости может таить в себе простое человеческое сердце, когда его касается Бог. И он стал писать книги, чтобы этой радостью поделиться. Его писания меньше всего вызваны желанием морализаторствовать.

Вне молитвы, вне устремления души к вечному, вне добрых дел, жизнь, как правило, проходит впустую. Льюис это хорошо видел, а потому считал себя самого не создающим новое, но открывающим старое и всеми забытое.

Мир воспринимает христианство как набор правил, как систему морали, далёкую от повседневных нужд и стремлений человека. Льюис и сам так думал, но потом с удивлением увидел, что оно поддерживает всё самое высокое, что в нас есть и что мы любим. И оно же – есть основание того света, который радует нас в творчестве, дружбе, семье, созерцании природы и так далее.

Несомненно и то, что обретение высоты всегда связано с аскезой, с отказом от греха. Именно по этой причине Льюиса многие считали старомодным, а его книгам предсказывали скорое забвение. Но прошли многие годы и сменились многие моды и веяния современности, а Льюиса читают и по сей день, потому что, ничего из того, чего коснулась вечность, не умирает.

О пусти к радости и преградах на этом пути – все его книги.

Быть может самая главная опасность – это стать христианином вне личного подвига веры, вне труда ради радости других людей и своей. Протестантская Англия в этом была похожа на всякую другую страну, так как часто обращение в веру делает человека не солнышком для других, а фарисеем, у которого, по выражению Трауберг, свидетельством истины набита голова, а не сердце. Такой человек не радуется тому факту что Бог создал всех необыкновенно разнообразными, и только грех делает людей одинаковыми. Грех, но не Бог. Для такого человека вера становится не живой водой, но топором, которым он старается обрубить в других всё, что ему в них непонятно или отличается от него самого, хотя это – отличия личной неповторимости.

Поэтому Льюиса так поразила литургия, которую он увидел во время путешествия со своей женой в Грецию. Поразила именно свободой самовыражения человека, когда в главном единство, а в проявлении главного – разнообразие. Вот, что он пишет об увиденном:

«Однажды я был на греческой литургии. Больше всего мне там понравилось, что у них, по-видимому, нет правил для прихожан. Одни стояли во весь рост, другие на коленях, третьи сидели, четвертые ходили по храму, а один вообще ползал по полу, словно гусеница. Замечательно, что никто совсем не следил за поведением соседей. Как бы мне хотелось, чтобы мы, англикане, поступали так же».

Странность Льюиса часто заключалось лишь в том, что он напоминал самодовольным прихожанам храмов, которым для счастья вполне хватало себя и семьи, что в жизни рядом с ними есть и другие люди.

Льюис понимал ценность молитвы и знал, как это важно – говорить с Богом. То, что мы не можем сделать словами, обычно может сделать молитва потому, что она говорит не уму, но сердцу. Он приводил случай, когда некий его знакомый заболел и хотел увидеться с Клайвом, молясь об этом Богу. А Льюис, проходя мимо, неожиданно решил зайти, и тогда знакомый рассказал о своей молитве.

Слава к Льюису пришла после выхода его книги «Письма баламута» в США.

Есть общая черта у всех, стяжавших в этом мире добрую славу – они за ней не гонялись, но каждый день делали то, что должны были сделать.

Льюис тоже знал этот каждодневный труд. Так, в течении тридцати лет преподавая литературу в Оксфорде и Кембридже, он делал этот так хорошо, что студенты часто приходили по нескольку раз на одну и ту же лекцию, чтоб послушать замечательного преподавателя. Он читал богословские беседы для рабочих и горожан. Он был верным своему делу во всём, за что брался. Его научный авторитет был столь высок, что, приглашая его в Кембридж для него даже открыли специальную кафедру средневековой и возрожденческой литературы.

Очень много Толкину и Льюису давала их дружба. Они регулярно собирались в пабе «Птичка и дитя» образовав там клуб «Инклинги», где все участники делились написанными главами, общались на литературные темы и давали советы друг другу. Клуб для англичанина есть место встречи с друзьями и единомышленниками. Ценность их литературных советов друг другу была такова, что однажды Толкин написал Льюису: *«Я думаю, наши встречи по средам, это наш священный долг. В противном случае зачем врагу рода людского нужно было бы чинить нам такие козни?»*

Милостью Неба можно назвать тот факт, что ни Льюис ни Толкин не пережили трагедию одинокого ума, когда не с кем поделиться наболевшим и некому сказать то, что ты открыл, написал и постиг.

Я знал одного священника, который писал сложные богослужебные тексты и занимался вопросами толкования Нового Завета. И он говорил, что всю жизнь хотел бы рассказать кому-то о том, что делает, но не так, чтоб его слушали, открыв рот, а поведать свои открытия равному, тому, кто и сам тебя поймёт как учёный. Что это значит для развития личности может понять только тот, кто сам умён и имеет умного друга. Оба писателя-сказочника находили такую поддержку в среде инклингов.

Все инклинги считали, что писатель должен проповедовать Евангелие. Каждый из них делал это в меру своего таланта, а лучше всего получалось у Толкина с Льюисом, которые никому не читали моралей, но делились тем избытком сердца, которое понуждает говорить и петь славу.

Христианство Льюис открыл как радость. Часто такая радость заключена в повседневных вещах, которым вера придаёт новый смысл. Но и путь в ад так же состоит из повседневных, малых, злых привычек. Об этот он писал свой роман «Мерзейшая мощь» – один из чудесных в мировой литературе романов о ценности брака. И о том, что никакая земная власть и земной успех не сравнятся с простыми радостями семьи, когда улыбка милого человека важнее всех кладов и сокровищ этого мира. Но это так же и роман об опасности присвоения другого, когда другой становится для нас не подарком неба, а собственностью. Так, об одном из героев романа, Льюис говорит, что тот, женившись на девушке, думал, что тотчас завладел всей её лучезарностью. И это было бы как если б кто-то купил участок земли и решил, что солнце, которое всходит над этим участком, тоже принадлежит ему.

Много лет преподавая литературу, он видел всю ценность этого вида искусства, которое способно умножать красоту и вникать в суть бытия. Но, при этом, он говорил, что блаженство ни в книге, ни в музыке, оно только виднеется сквозь музыку и книгу. То же, как, читая сказку, мы радуемся не только тому, что герои обрели счастливый конец, но больше тому, что Господь обещал в нашем большом мире счастливый конец для всех, кто старался быть добрым. В этом законе счастливого конца – основание сказок и нашего мира.

По дару сказочника Льюис ощущал пасхальность мира, пронизанность его Богом и радостью. Наиболее полно это отразилось в его сказках.

В христианстве Льюис нашёл так же очень важную его особенность – признание, что страстный человек не может считаться нормальным, что Христос пришёл сделать наш новыми и святыми.

Льюис много и часто пишет о своих страстях и о борьбе со страстями вообще. Недаром Антоний Сурожский назвал его книгу «Письма баламута» – аскетическим сочинением. Но здесь мы имеем дело с одной важной особенностью – вся прописанная Льюисом и очень важная борьба с грехом есть борьба, совершаемая на уровне ума и совести – и вся она целиком лежит вне церковных таинств, которых он, будучи протестантом, попросту не знал. Но, что касается осмысления своей вины и греха, понимания своей незавершённости без Бога – Льюис помогает читателю не хуже «Исповеди» блаженного Августина. Причём помощь Льюиса направлена на специфику пороков именно нашего века, когда, по слову Н. Трауберг, человека авторитарного заменил человек оборотистый, а его человек распущенный.

Льюис женился в 50 лет. До этого времени, лет в сорок, он несколько раз пытался встречаться с девушками. Теперь опубликованы воспоминания этих девушек, где попытки Льюиса добиться их внимания кажутся просто смешными и нелепыми. Возможно, он был из тех людей, кто не умеет нравиться противоположному полу, а потому вынужден дожидаться, пока сам понравится кому-нибудь. Как это случилось с его будущей женой, которая, полюбив его книги, полюбила и его веру и его и стала за ним ухаживать.

«Хроники Нарнии» Клайва Льюиса – это ликующее христианство. Подобно тому, как ирландские предки Льюиса звали себя ликующими христианами. Сам автор говорит о сказках, что, если переместить веру в волшебную страну, то, возможно тогда, ребёнок впервые увидит веру во всей её мощи, и в час искушения устоит.

Писатель хорошо понимал, что смысл текста лежит превыше и вне самого текста. Он говорил, что блаженство не в книге, не в музыке, оно только виднеется сквозь музыку и книгу. Оно – дивная весть из дальней страны.

Главная черта книг Льюиса – это радость. Однако, это, радость под условием, как сказал бы Честертон. Она длится пока человек не сделать того, что может сделать в любую минуту, хотя и знает, что это делать нельзя.

Радость в нашем сердце нужно хранить столь же бережно, как чистую дружбу с девушкой. Вы можете всю жизнь хранить братские чувства, если не сделаете один неосторожный шаг. Что хранит вас от этого шага? Осознание, что всё в жизни должно совершаться как должно, – по законам чести и совести. Тогда в нашу жизнь приходит свет и победа.

Христианство говорит о конечной победе добра. В сказках Льюиса слышен отзвук этой победы. Его сказки хранят пасхальный взгляд на мир. Всё здесь пронизано Богом, а потому, хорошо весьма.

Толкин когда-то сказал, что чем чище сердце, тем более удивительные фантазии оно способно создавать. А мы добавим, тем больше эти фантазии выражают духовные основы нашего мира, как в чистых и светлых книгах Льюиса.

Джон Толкин
(1892 -1973)

Джон Толкин, человек, который ещё раз утвердил, что для чистого весь мир всегда хороший и добрый, и жизнь его обитателей может быть исполнена величия даже, когда они окучивают картошку у себя в огороде.

Роман «Властелин колец» похож на ключ к святоотеческому видению мира, где земля вся исполнена любви Господней и бытие без остатка пронизано Богом. Это роман о том, что Господь умеет дарить счастливый конец, не отменяя при этом наших усилий, чтобы в каждой отдельной истории воссиял свет.

Человек живёт только, когда он живёт для других. Всё остальное время – не в счёт. Вся мудрость мудрых, сила и благородство великих существуют лишь для того, чтоб обратиться в солнышко, которое согреет любимых. В этом искусстве греть, равны великие с малыми, если только вектор их усилий направлен не на себя. Герой – это тот, кто хочет быть счастлив в последнюю очередь. И об этой жизни для других, наполненной радостным трудом и внутренним светом – добрая и вечная книга Толкина.

Книга Джона Толкина «Властелин колец» даёт возможность ощутить мир в его эпической значимости. Величие жизни, величие добра и постоянный, хотя и неприметный Божественный промысел, который сквозит во всех обстоятельствах каждого человека. Это тот промысел, который каждого ведёт к добру. По мысли Толкина вся мощь зла только готовит почву, чтобы из неё всегда неожиданно проросло добро.

Эру, создатель мира, говорит мятежному архангелу, что вне воли мятежника его зло принесёт добро. Конечно, зло не станет от этого менее виноватым. Здесь всё дело в сокрушительной премудрости Божией «и кто противостанет воле Его?».

Из всех книг, написанных на земле, книги Толкина в наибольшей мере утверждают читателя в мысли, что всё в нашей жизни случается, как должно и только правильно.

Оксфордские студенты, вспоминая лекции Джона Толкина, говорили, что его преподавательский успех во многом был связан с жизнерадостной открытостью. Человек может иметь знания и гордиться ими. Толкин считал знания Божьим даром, и хотел каждого слушателя приобщить той боготканной красоте, которую сам находил в своих предметах изучения.

Его лекции были его поэзией. Поэтому он так легко вставлял в них древние стихи и рассказы о гоблинах и эльфах.

Вера помогает видеть мир в такой целостности, которой бы позавидовал сам Аристотель. Потому каждая наука – одна из граней прекрасного целого, которое наш Господь дарит каждому человеку.

Толкин из тех писателей, которые помогают видеть мир в лучах благодати. Он вселяет в людей уверенность, что у Бога для нас приготовлены только любовь и радость, хотя это и не отменяет личный труд нашего пути к свету. Его творчество имеет одно удивительное евангельское свойство – возвещать несомненность добра, несомненность его победы. То, что наш мир хорош, – лежит в основании бытия. Никакое зло не может помешать тому, что всё здесь «хорошо весьма». Зло никогда не вечно, и тучи не властны навсегда скрывать солнце. А там, где человеку представляется только мрачный исход – надежда тихо говорит, что доброго человека не может ожидать трагичный конец. Но, чтобы охватить величие Господня замысла, мирового узора, в который сплетаются нити людских судеб, для этого нужен взгляд праведника, ребёнка или сказочника. А они уже расскажут об этом всем другим людям, которые так хотели услышать, что их боль, их жизнь и их поиск никогда, никогда не бывают напрасны...

Грандиозный в своём развёртывании перед читателем мир Толкина – это, на самом деле, образ нашего мира, образ той красоты, которая в нём постоянно пребывает. Имя этой красоты – благодать. Именно она делает цветок красивым, любимую желанной, а дружбу настоящей. Без благодати ни в чём нет и не может быть смысла. Без благодати всё дивное цветение мира для наблюдателя ничем не отличается от навозной кучи. В благодати, в Боге, конечная цель всего и всех.

Книга Толкина в центре своей идее имеет образ эльфа. Всё здесь меряется по высоте эльфийского взгляда. Секрет такой эльфийской чистоты и подлинности автор раскрывает так: «свет Валинора (рая) сиял на их лицах».

Этот свет полнит книгу. Он, по слову одного читателя, узнаётся тут всюду, как свет от невидимой лампы. Именно он приводит к тому, что «Властелин колец» является единственной в мире книгой (не считая Библии), которую так ненавидят противники христианства. Разнообразные злобные пародии, попытки высмеять и принизить, неприятие пафоса книги – это всего лишь ненависть троллей и орков к благодатному свету Валинора. Интересно, что, сама книга, позволяет это понять и почувствовать. Толкин гениально являет добро во всей его красоте, и зло без всякого байронического флёра. Зло чудовищно: оно является мукой для его носителя. Тёмные назгулы в книге кричат тоскливо и жутко. Святой Исаак Сирин говорит об этом: «Ни здешней, ни тамошней радости не вкушает грешник, но имеет только некое мрачное и безлунное рачение греха».

«Властелин колец» даёт читателю возможность увидеть, что христианство – не философия, но единственная вера, которая может объяснить весь мир. Христианство – это ключ, подходящий ко всем дверям мироздания. Оно говорит и о том, почему розы любящего долго стоят в вазе и почему собака похожа на своего хозяина.

Я знаю людей (и сам отношусь к ним) которым именно книга Толкина помогает верно и зорко смотреть на жизнь. И за всеми трудностями прозревать счастливый конец.

Сам Толкин говорил, что утешение счастливого конца – самое высокое из всех, которые дарит волшебная сказка. Ведь счастливый конец сказки – есть отблеск счастливого Евангельского конца. «Восклонитесь, ибо приближается избавление ваше», – сказано в Новом Завете о Втором Христовом пришествии. Похожее чувство дарит и волшебная сказка, когда ты чувствуешь освобождение и понимаешь, что в нашем большом мире всё устроено именно так, чтобы в твоей жизни воссиял свет.

Весна – непреложная вещь, даже посреди зимы…

Ещё о счастливом конце

Толкин, человек, который в своём произведении явил всю глубину мира, как сокровенного роста Царства Небесного в каждом отрезке времени и пространства. Это царство Христово приходит в души людей через битву со всем не подлинным, что только таится в сердце. Но, как бы далеко не ушло живое существо от Господа, промысел Божий никогда не оставит его, и до последнего вздоха человеку будет сопутствовать Высшая жалость, которую он, как правило, не понимает вполне.

Говорить о романе Толкина, то же, что говорить о самой сути жизни. Каждый из нас – это кто-то из его народов и персонажей, что делает мир яснее для того, кто хочет его постигнуть.

Однажды сказочник стоял в соборе и слушал проповедь. Речь в тот раз шла о смертельно больном ребёнке, который посетил чудотворный источник, и не исцелился. Это посещение было последней надеждой его родителей. Убитые горем они возвращались обратно, как вдруг чудесное исцеление произошло прямо в поезде, хотя надежды на это уже вовсе не было.

Слушая эту историю, Толкин ощутил острую радость, и, внезапно, понял, что радость эта лежит в основе мира, а потому и основе сказки. Это радость избавления, когда рвутся традиционные причинно-следственные связи, и Господня милость прямо проникает в души и историю земли. Только потому, что Господь жив и является действующим лицом истории, возможен в нашем мире хороший конец. А сказка, которая отражает духовные законы бытия, являет эту красоту замысла Божьего, по которому Господь чудодействует тогда, когда надежда почти потеряна. Подобно, как ветхозаветный священник Ездра плакал, что Божий народ рассеян и мал, и плакал он незадолго до Рождества, которое явилось счастливой развязкой всей мировой истории...

Господь рядом, хотя большинству кажется, что Он далеко. Но Он словно великий мастер своего искусства, тайно от всех готовит счастье каждому любимому Им существу. Но, поскольку Бог часто ведёт, к радости, через скорбь, то почти никто не верит в счастливый конец, который, всё же, приходит в срок, в самом конце истории. Тут люди с удивлением узнают, что своей жизнью могли послужить ему.

«Тогда праведники скажут Ему в ответ: Господи! когда мы видели Тебя алчущим, и накормили? или жаждущим, и напоили?

когда мы видели Тебя странником, и приняли? или нагим, и одели?

когда мы видели Тебя больным, или в темнице, и пришли к Тебе?

И Царь скажет им в ответ: истинно говорю вам: так как вы сделали это одному из сих братьев Моих меньших, то сделали Мне» (Матфея 25: 37-40).

И это будет так велико, что никто ничего к сказанному Господом не прибавит...

Властелин колец

Система мира, вещь редчайшая и в философии, и в литературе. На обобщение мироздания отваживались немногие греки и классические немецкие философы. Но, чтобы созданная система была адекватна познаваемому миру, здесь, кроме теологических трактатов, можно назвать почти только бессмертную трилогию Толкина «Властелин колец». При этом его книги получились необыкновенно интересными – и это не удивительно, ведь на свете нет ничего интереснее Бога и того, что вызывает к жизни Его благодать.

В далёких 1990-х мы не задумывались об этом и не знали, и не ведали, где источник света, который льётся со страниц его сказок. Мы тогда думали, что свет в самой книге. Потом пришли слова Клайва Льюиса, что «блаженство не в книге, не в музыке, оно только *виднеется* сквозь музыку и книгу.

Книги Толкина – чистый свет для тех, кто умеет видеть. Мария Каменкович верно заметила, что церковь веками проповедовала те же истины, которые Толкин гениально облёк в художественную форму сказки и мифа. Это сказка о мире, сказка о сути. Она являет мир таким, каков он есть на самом деле. И тогда мы видим, что мира без любви, красоты и верности не существует. Что у добрых всегда есть союзники, неведомые им самим. Что зло никогда не может победить, какой бы близкой ни казалась его победа.

Эльфийская красота, какой она открывается жителям Средиземья, есть красота человека, каким он был изначально задуман Творцом. Поэтому ищущим и тоскующим об эльфийскости возможно обрести и увидеть её в нашем большом мире – среди тех, кто истинно живёт по истинной вере. Именно они и есть – настоящие эльфы, вокруг которых само бытие начинает открываться, как чудо и ненапрасность.

В этом мире хотелось жить, а Толкин всё сделал для того, чтобы люди увидели: Средиземье – это и есть наш мир, а не фантазия и выдумка.

Если бы люди могли видеть Землю чисто, так, как смотрят на неё ангелы, они бы и увидели её большим Средиземьем, ареной грандиозной битвы добра со злом. Они бы поняли ценность даже малого доброго поступка. Увидали бы, сколько добра приносит всем даже малое милосердие. Но люди так землю не видят, потому что для этого нужно смотреть на неё с неба. Или прочитать гениальную сказку, которая тогда прибавит нам зоркости, и мы вновь увидим стоящего за всеми событиями и историями Настоящего Властелина миров и колец.

Жена Джона Толкина (1889 – 1971)

Эдит Мэри Толкин – жена писателя Джона Р. Р. Толкина и вдохновительница образа Лютиэн Тинувиэль.

История семейной жизни Джона Толкина говорит о том, насколько здрав и радостен бывает брак человеческий, когда в него входит измерение Божественного. И одна из величайших радостей семьи – это единосердечие супругов, то блаженное единство, которое, по мысли святых отцов, является таинством, где жизнь есть любовь.

В нашем мире ради этого единства, порой, приходится много трудиться, но итог труда превосходит все ожидания, и мы сполна понимаем, что брак, воистину, по слову блаженного Августина, есть остатки рая на земле. Таков был и брак Толкина, где вся история его встречи с будущей женой и их последующая семейная жизнь были скорее похожи на высокую волшебную сказку со счастливым концом. Но таков уж наш Господь, что Он превращает в сказку жизни всех, кто имел мужество доверять Ему. Ведь Он – Бог хороших концов, особенно для тех, кто смиренно вверяет Ему своё сердце.

Именно в этом нужно искать секрет глубокого спокойствия Толкина, внутреннего его мира – он всегда полагался на Господа и был уверен – Бог не может его подвести, не может забыть, не может вычеркнуть из Своего плана, в котором Он готовит для нас наше счастье. А, если мы точно знаем, – Он на нашей стороне, то к чему роптать, что Он ведёт нас, к счастью, по Своей, не придуманной нами дороге?

Много столетий назад Господь сказал, что человеку, нехорошо быть одному. С тех пор человек ищет человека, который глубоко воспримет его жизнь, станет его другом и помощником. Встреча с таким человеком – это всегда встреча на вечность, потому что союз любви не может быть прерван смертью. У Иоанна Кассиана Римлянина есть слова, что подлинная дружба может возникнуть и сохраниться только во сходстве интереса к добродетели, в едином понимании и постижении общего пути к свету. Подлинное совпадение – это совпадение сердца, и оно не часто встречается в нашем мире, где люди привыкли больше говорить, чем слушать. Поэтому в Ветхом Завете есть слова, что кто нашёл друга – нашёл сокровище. В каждом и нас слишком много и наших близких. Так было и с Толкином и его женой. Она, простая девушка, сирота, далеко не всегда понимала труды и мысли своего великого мужа, но неизменно старалась хранить его труд и покой. Они познакомились давно, совсем юными. Оба к тому времени уже многое претерпели, рано лишившись родителей. Оба искали понимания и внимания, и сполна нашли его друг в друге. Им в семейной жизни пришлось преодолеть много подводных рифов, но чуткое внимание друг ко другу делало это возможным. Всё существование Толкина было проникнуто верой. И в семье, и в создании произведений, и в научных исследованиях он был только христианином. Самой большой радостью для себя он считал причастие. Молитвы мессы знал наизусть и старался никогда не пропускать службу. Вся его жизнь строилась в русле богослужебного храмового календаря. Его жена, напротив, была протестанткой, и, хотя Толкин весьма быстро убедил её принять католичество, вера для неё так и осталась чем-то не определяющим и внешним. Это обстоятельство причиняло Толкину боль. Ей же было огорчительно видеть, что у мужа есть дела и занятия, которые ей совсем непонятны.

Толкин старался всю свою жизнь сверять с требованиями веры, и к тому, как строить брачную жизнь, он подходил с позиции того, чтоб об этом говорили святые. Наследия святых он незаметно, но неотступно воплощал в браке. Толкин и сам глубоко осмыслил течение семейной жизни, и в своих письмах к сыну он предстаёт как мудрый богослов философ, глубокий и трезвенный.

Любовь позволяет нам видеть в другом образ Божий, и то, что Толкин разглядел в своей жене, он передал в образе прекрасной эльфийки Лютиен, которая полюбила человека по имени Берен, и была с ним неразлучна и на земле и тогда, когда земной путь был окончен. Толкину и Эдит пришлось вынести многое, но Бог хранил их союз и их детей. Никто из большой семьи Толкинов (у них было четверо детей) не погиб на Второй мировой войне, и все выросли достойными и чистыми людьми, приносившими родителям радость. Наверное, так бывает во всех историях, в которые люди позвали Господа. Позвали своей молитвой, своей добротой и своим предыдущим страданием. Они прожили вместе очень долго. Толкин пережил Эдит всего на 20 месяцев и их обоих похоронили в одной могиле. У Иоанна Златоуста есть слова, что добрые супруги и в раю не разлучаться, но будут вечно вместе предстоять Господу. И мы верим, что эти слова в полной мере относятся и к семье Толкина, который всю свою жизнь возвышенно и просто любил Христа.

Толкин на войне

Как и многие другие великие писатели, Толкин пережил войну. Во время первой мировой он был призван радистом в действующую английскую армию, в полк Ланкаширских стрелков. Участвовал в знаменитой битве при Сомме, заболел тифом и попал в госпиталь, а позднее был по состоянию здоровья демобилизован.

На фронте Толкин теряет почти всех школьных друзей. Его жена Эдит позднее говорила, что каждую минуту с ужасом ждала, что придёт почтальон и принесёт весть о его гибели.

Но, как говорит святой Николай Сербский, на войне нет ни случайных снарядов, ни шальных пуль. Каждая из них попадает туда, куда определено Богом. Толкин, конечно же, выживает, ведь Господь знает, сколько добра и света принесёт этот человек миру в будущем. На второй мировой войне участвуют его сыновья, и Господь сохраняет их всех. Более того, город, где живёт сказочник, почти не подвергается бомбардировкам, хотя соседний с ним Ковентри немцы буквально сравняли с землёй...

Опыт, который выносит Толкин, а равно и Льюис с первой мировой заключался в том, что никакая война, и никакая боль не могут отменить того факта, что наша жизнь – есть высокая сказка, рассказываемая людям Богом. Любой из нас каждую секунду своего бытия находится в сказке, пребывает в чуде, и боль не может воспрепятствовать этому, ведь Господь промышляет о мироздании и на войне, и в мирное время равно.

Клайв Льюис позднее напишет, что враг рода людского прикладывает много стараний, чтобы людям казалось, что мрак и боль – и есть настоящая жизнь, а всякая радость и свет – всего лишь розовые очки неоправданного оптимизма.

Уже в старости Толкин будет говорить, что самой большой радостью его жизни является постоянное причащение. Известна его фраза, что для укрепления веры нет ничего лучше причастия, причём семь раз подряд подействуют лучше, чем семь раз с промежутками...

Причастие Христу всегда даёт творческие силы человеку. Вдыхает в него желание созидать новую красоту. Поэтому Толкин и на войне не откладывает жизнь в сторону, но продолжает творить и писать. На фронте он встречает других солдат, которые куда больше были заняты творчеством, чем войной. Он вспоминает, как в солдатской палатке инструктор читал лекцию на военную тему, а рядом с Толкином сидел солдат, который создавал свой собственный язык. Услышав некую фразу инструктора, он воскликнул: «И я бы выразил аккузатив через префикс!».

Войны, как всякая боль, конечны. Свет, приносимый Господом через людей будет сиять вечно. У христианина есть куда более важные дела, чем следить за политикой, экономикой и заботами войны. Христианин учится быть совершенным и нести свет.

Толкин и вера
Христианство было для сказочника определяющим всю его жизнь. И как учёный, и как муж, и как писатель он, прежде всего, христианин. Бога, молитву и частое

причащение он кладёт в основание всей своей жизни. Причастие дарит ему радость даже большую, чем общение с женой и друзьями. Всякое событие жизни он оценивает через призму веры. Только правая вера может дать ключ к правильному осмыслению мира и своему месту в нём. Никакой герой, сколь бы значим он не был, не может совершить всё в одиночку. Только Бог способен на такое, а каждый светлый персонаж мироздания делает только свою часть всеобщего дела. «Каждый труд есть общая работа, пусть даже порознь делается что-то», – пишет Роберт Фрост. Если вера становится содержанием жизни человека – он сам становится необыкновенно интересным. Толкин, при всей скромности жизни, производил впечатление человека, вышедшего из средневековой героической поэмы. При этом он старался всю жизнь вокруг себя обратить в сказку и это у него получалось. Дети получали на Рождество письма от Рождественского деда. Продавцам в магазине вместе с мелочью можно было подсунуть вставную челюсть. К соседу можно было выйти в средневековой кольчуге, а лекцию для студентов превратить в вечер героической древней поэзии.

Всё, что делал Толкин, носило на себе следы той монументальности, которое даёт только причастие небесным высотам бытия. При этом он был глубоко смиренным человеком. В юности он находился в послушании у своего священника-опекуна. В зрелые годы он охотно прислушивался к мнению священников. Будучи всемирно известным писателем, не гордился этим, но говорил, что «обычай снимать шапку перед сквайром, возможно очень вреден для сквайра, но очень полезен для нас» ...

Обретением веры Толкин считал себя обязанным матери. Его мать, Мейбл Толкин, вскоре после смерти мужа перешла из протестантизма в католичество. Это необыкновенно смелый шаг, который она предприняла осознанно, ощутив, что не может жить без церковных таинств, которых в протестантизме нет. Но это же означает и то, что она перестаёт получать всякую финансовую помощь со стороны родни, так как англичане начала двадцатого века были настроены против католицизма. Веру она воспринимает как основу жизни, и это же восприятие передаёт сыну. Толкин говорил о матери: «Та, что дала мне крест». Всю жизнь он отзывался о ней, как о праведнице, которая ради обретения веры с таинствами пренебрегла всяким материальным благополучием, но смогла вдохнуть огонь жизни по вере и в детей. «Немногим Господь даёт столь лёгкий путь к Своим дарам», – говорит Толкин, имея ввиду свою маму по отношению к нему.

Христианская мудрость Толкина

Толкин – подлинный христианин, его рассуждения всегда утешают и окрыляют. И ты вдруг понимаешь (или ещё раз видишь), до какой глубины может доходить христианский взгляд на жизнь целиком и отдельные важные её проявления: будь то образ своего дома, семейные отношения или проповедь в воскресный день.

Он пережил две войны и видел неприятеля что называется лицом к лицу, но никогда не позволял себе ни ненависти к противнику, ни доверия пропаганде, которая старается представить врага как некого тролля, полностью лишённого добродетели.

Вот его письмо об этом: *«В местной газете была основательная такая статья, которая на полном серьёзе призывала к последовательному уничтожению всей германской нации: дескать, после военной победы иной образ действий просто немыслим; потому что, изволите ли видеть, немцы – они что гремучие змеи и в упор не видят разницу между добром и злом. А как насчёт автора?»*

Он знал, что за всякой войной, как и за любым злом стоит враг рода людского, а врага нельзя победить его же оружием. Толкин говорит об этом: *«Нельзя сражаться с врагом при помощи его же кольца, не превращаясь во врага; но, к сожалению, мудрость Гэндальфа, похоже, давным-давно ушла вместе с ним на Истинный Запад».*

Толкин любит мир сотворённый, его радует то, что создал Творец. Он пишет: *«Я со всей очевидностью влюблён в растения, и больше всего – в деревья».* Как тут ни вспомнить Старца Амфилохия Патмосского, говорившего: *«Кто не любит деревья – не любит Христа».*

Он ясно видит, что большинство людей в этом мире идёт по пути внешнего, формы, и трудится не ради умножения света, но ради увеличения банковского счёта. Всё же он уверен, что человек в любом случае должен умножать своим делом свет.

В своих рассуждениях о Боге – Толкин мудрый богослов, который чувствует истину сердцем: *«Господь в силу некой непостижимой причины, которая нам покажется едва ли не причудой, с такой удивительной готовностью отвечает на молитвы наименее достойных Своих просителей – если молятся они за других».*

В жизни Толкина был случай, когда ему перед причастием открылся Господень свет и он явно увидел, как к каждому на земле человеку тянутся сияющие лучи Божьего внимания и заботы. Позднее он говорил об этом: *«Нам дано различать отблеск этого света в других, в людях, воспринимаемых через любовь».*

Толкин пишет: *«Среди всех страданий (часть из них – чисто физические), я ощущаю потребность каким-то образом выразить свои чувства касательно добра и зла, красоты и безобразия, осмыслить их».* Ибо человек, который осмысляет свою боль через слово, получает возможность взглянуть на боль не с точки зрения того, как ему плохо сейчас, но из того времени, где этой боли не будет. А, если он и вправду талантлив, – то и из вечности, где мы обретаем смысл всего случившегося здесь с нами.

Вспоминается по этому поводу случай, когда несколько человек обсуждали ужасающую несправедливость, случившуюся с женщиной. Все присутствовавшие возмущались произошедшим, и все говорили, что в этой её боли виновата сама жизнь, где возможна несправедливость. Вдруг одна девушка заметила, что боль той женщины имеет значение для всех нас и для неё в вечности. И люди услышав это, испытали светлое облегчение, как от какой-то важной и светлой вести из самой желанной и дальней страны.

У Толкина есть слова: *«Волшебная сказка – на самом деле взрослый жанр»*.

Потому что она старается привести человека к его конечной цели – святости. Здесь сказка – один из способов, которыми Дивный Бог вводит нас в эту конечную цель.

Пророк Исайя передаёт такие слова Господни: «Я Господь Бог твой: держу тебя за правую руку твою, говорю тебе: не бойся, Я помогаю тебе». В этих словах кроется богословие нашего мира каков он есть на самом деле и каким его открывает нам авторская христианская сказка. Что бы мы ни делали и где бы ни оказались – нас всегда держат за руку, чтобы мы до конца прошли этот самый чудесный и важный путь всех добрых людей к добру.

Толкин считал волшебную сказку одним из самых высоких литературных жанров, причём совершенно не детским, хотя приобщаться через неё мудрости вполне могут и дети.

Каждая высокая литературная сказка, есть, говоря толкиновским языком, «проблеск конечной победы», которая совершится Христом во Втором Пришествии и положит конец искажению нашего мира.

Сила сказки в той несомненности победы добра над злом, которую воскресший Христос подарил добру.

Эпос нашего мира

Наш мир как бы разделён на две части. В одной великие святые совершают подвиги во имя любви, рыцари сражаются за прекрасную даму, а поэты создают новую красоту. И, в то же время, люди консервируют огурцы на зиму, распределяют пенсии и читают пошлые газетные новости.

Сказка открывает, что, на самом деле, мир всегда и во всём грандиозно высок и эпичен, причастен небу и имеет огромное значение на весах вечности. Что предназначение человека – быть героем, который обретёт Бога. Сам Христос говорит, что тот, кто ищет Царства Небесного, получит всё остальное. То есть Бог дарует Своим детям возможность жить только лишь высотой, приобщая ей даже обыкновенные бытовые заботы.

Помню, как однажды я наблюдал за тем, как моя мама вытирала пыль. Она выполняла то же действие, которое делают сотни тысяч домохозяек, но я её любил, а потому видел её в неком неизреченном свете. Не земная женщина наводила порядок, но королева над королями превращала мир вокруг себя в сказку.

Таково зрение любви. Оно открывает красоту и величие там, где незаинтересованный человек видит лишь обыденность. Эмили Дикенсон писала об этом: «Мы не знаем, как мы велики, пока не встаём во весь рост». Но на самом деле каждый человек предельно, небесно значителен и значим. А потому важно всё, что происходит вокруг него. Христианская сказка просто открывает глаза на этот факт. Сказка даёт возможность человеку смотреть на мир и людей тем взглядом, которым его видят святые и ангелы – в лучах благодати Господней.

Сопротивление зла

Ни одна книга на земле, если не считать Библии, которая всегда вне сравнений, не вызвала к себе такого потока неприязни. Часть интеллигенции и России, и Запада восприняла свет, заключённый в этой книге, как акт обвинения. Многие интеллигенты уже давно свыклись со множеством мыслей, позволяющим им не идти по дороге преображения. И света де без теней не бывает, и Иуда ни в чём не виноват. А тут появляется произведение, которое со всей художественной гениальностью разводит добро и зло на два полюса, являя, что человек не полон без света Божьего (в книге – эльфийского света).

«Властелин колец» вызвал огромный успех читателей, которые по всему миру признают творение Толкина лучшей книгой двадцатого столетия. Но, книга вызвала столь же мощное неприятие критики, которая обвиняла «Властелин колец» именно в христианскости содержания.

Многие говорили, что им в книге наиболее симпатичны орки и гоблины. Известны случаи, когда чтение матерями книги детям вызывало у неверующих отцов припадки ярости. Появились так называемые «Взгляды со стороны тёмных сил» – множество книг, где история Толкина переписывается так, как если бы её писали злые персонажи, которые в таких книгах становятся трогательно непонятыми.

Сам Толкин относился к такому разностороннему восприятию книги спокойно, сказав только, что у «Властелина колец» среди читателей есть много друзей, и очень жаль, что не все дураки сосредоточились в лагере противника.

Весь поток неприязни к его книге объясняется именно благодатью, которая сияет между строк этого великого текста, и открывает людям красоту мира именно как мира Божьего.

Поверхностные критики нередко обвиняют мир Толкина в безрелигиозности. Это, конечно, далеко не так.

Достаточно прочитать «Сильмариллион» или «Беседу Финрода и Андрет», чтоб увидеть, что мир Средиземья — это мир земли до рождества, но в котором всё ожидает Божьего воплощения как избавления. Людская пророчица Андрет говорит эльфу Финроду, что в этом единственная надежда и людей, и всего мира вообще.

В «Хоббите» и «Властелине колец» Толкин умалчивает о Боге из религиозного целомудрия, так как, по его мнению, до пришествия Христова и Библейского откровения вообще правильного богопочитания быть не может. А он слишком любил своих героев, чтобы делать их язычниками. Он из тех писателей, чьи тексты самим своим евангельским светом являют христианство как единственно адекватный взгляд на бытие, и вера всюду сияет в его книгах.

Ребёнка можно учить брать благословение и поститься, а можно уступать место старшим в автобусе и быть вежливым и не дерзким. И то и другое христианство — но во втором случае мы учим его христианству жизнью, а не словами. И книги Толкина учат не именно миронастроению христианского понимания бытия и места человека в нём. Они куда глубже морализаторства, но, ведь и Христос никогда не читал моралей, а Его притчи, например, это та же суть, явленная в образах. Что пытается в своём творчестве делать и Толкин, явить суть языком мифа и сказки.

Тот же факт, что некоторые его читатели увидели в книге повод к оккультному её прочтению, не отменяет христианскую её ценность, как и ценность Библии не перечёркивается оттого, что каждый сектант понимает её по-своему.

Толкин не создаёт новый мир, он через небесный взгляд сказки смотрит на историю нашего мира и открывает мир как существующий только в Боге и в Боге имеющий свою цель как на уровне онтологии, так и в судьбах отдельных людей. Его книги – о Божьем промысле, который ведёт каждого доброго к хорошему концу, который возможен именно благодаря тому, что Бог устроил мир по принципу волшебной сказки. И здесь, в нашем большом мире, каждый добрый приходит к хорошему концу, хотя и проходит через многие испытания. Для Фродо этот счастливый конец – в Валиноре, который в книгах Толкина есть образ рая. Бог не только освятил хороший конец всякой доброй волшебной сказки, но и сделал нашу жизнь такой же сказкой со счастливым концом для добра.

Христос освятил хороший конец любой борьбы за всё настоящее и высокое. Он Сам – и есть – наш счастливый конец.

О мире и книгах Толкина

«Книги Толкина пробуждают в людях прежде скрытые или подавленные творческие способности – это одно из их главных и до сих пор не объяснённых свойств», – так говорят в своей статье толкинисты Рин и Кинн. Почему происходит именно так, что эти книги вызывают не только желание творить в русле сказанного и открытого там, но и жить в мире, описанном в книгах о Средиземье? Дело в том, что Толкин не сочинил новый мир, а написал сказку о нашем мире, но не таком, каким его видит взгляд неверующего человека, а таким, каков он есть на самом деле – о мире, пронизанном Божьим присутствием. Сам Толкин был смиренным человеком, ощущавшим Бога. Это живое ощущение, а точнее, Сам Бог, запечатлённый в сердце писателя, пронизывает светом всю книгу. Не побоюсь утверждать, что читатели Толкина сталкиваются именно с благодатью, которая освещает сердце и вызывает желание приобщиться себе. Человек неверующий, но ищущий тоскует именно о благодати и о Боге, хотя сам и не понимает, о чём именно он тоскует.

Неслучайно его книги воспринимаются многими читателями как свет. Я знаю одного человека, который, ещё будучи неверующим, когда в жизни ему было особенно трудно и больно, читал Толкина и снова укреплялся сознанием того, что «зло не вечно, и не так уж много места занимает оно в мире, а свет и высшая красота за его пределами пребудут вечно».

Поэтому толкинистка Скади пишет о Средиземье: «Вот куда мы стремились весь год, а быть может, с рождения».

Книги Толкина отвечают сокровенным чаяниям души человека – поиску благодати, и утешают (насколько это возможно для художественного произведения) человеческую жажду Бога и исходящей от Него красоты. Чем так прекрасны эльфы в книгах профессора Толкина, что так хочется поверить, будто они есть? Они прекрасны «светом Валинора на их лицах». А Валинор у Толкина – образ рая. Толкин православно видит мир и передаёт читателям великое удивление и радование бытию. Но чему мы радуемся? Герои Толкина уверены в ненапрасности всего, что происходит с ними. И это верное ощущение рождается оттого, что история мира – Божья. Об этом прямо не говорится в его книгах, но они рождают острое желание, чтобы мир был именно таким, как он описан там.

Те из толкинистов, которые пришли к вере, с удивлением узнали – мир действительно таков. Изначальная красота мира, пронизанного благодатью. Величайшая слава мира – человек, но не простой, а Божий. Эта укоренённость текстов Толкина в логосном бытии мира и даёт им великую силу свидетельства. С его книгами хорошо, как хорошо рядом с верующим и живущим по вере человеком. Причём, хорошо и там, и там по одной и той же причине – мы прикасаемся через них к Источнику Добра. Его тексты вызывают желание жить в них, но писал он их для того, чтобы раздвинуть перед читателем завесу повседневности и открыть глаза не только на чудесность мира – это делали и до него, но прежде всего на Источник этой чудесности. Его книги – зеркало, поставленное перед миром, в котором мир мудро и верно отражён. Но писались они не ради отражения, а для того, чтобы человек повернувшись, посмотрел на тот, мир, который только что увидел в зеркале текста. Посмотрел духовно. Узрел Стоящего в самой сути бытия. И Им уже смотрел на окружающий мир. Как в радостном сне – не хочется просыпаться, чтобы радующее видение осталось с вами. Но вот вы проснулись – и оно не исчезло, а окрепло, обрело плоть и никогда не покинет вас.

ЗАКЛЮЧЕНИЕ

В старину говорили «все дороги ведут в Рим», а писатель может сказать, что все мысли приводят к Богу. Говорить о сказках, и вообще о чём бы то ни было, и не сказать о Боге, это, по слову Честертона, то же самое, что писать о первооткрывателе Антарктиды, и ни разу не упомянуть о ней самой.

Итак, о чём и ком бы мы ни заговорили и ни молчали – везде Он – смысл и предел человеческого бытия. И то, что на земле об этом знают только женщины, дети, святые и сказочники, не отменяет того, что это – так.

Радость, свет, упование, сбывшаяся надежда и хороший конец были раньше сказки и будут там, где каждая сказка исполнится в самом главном и перейдёт в вечность. Равно как и любовь была до того, как Господь сотворил первых ангелов и людей, которые могут любить.

Красота и свет изначальны, и источник их в Боге. В Нём же источник и всякой волшебной сказки, и всякого доброго слова, и нежного взгляда.

Когда нас греет и утешает что-нибудь на земле, человек, дерево или сказка – нам стоит только поднять глаза, и мы увидим Того Великого Сказочника нашей жизни, Который через все её обстоятельства, извечно и добро улыбается нам…

И Его улыбка – залог хорошего конца твоей сказки.

КОНЕЦ

Сказка – это ощущение в жизни глубокого смысла, который захватывает самые важные планы бытия, но сполна проявляет себя в обыденном, возводя его до чудесного.

Когда читаешь прекрасную сказку, всегда жалко, что она однажды окончится и книгу придётся закрыть. Ведь её герои навсегда поселились в сердце, и мы понесём их с собой через жизнь, как сокровище, которое навсегда остаётся с нами. Но, быть может, именно потому книги и имеют свойство подходить концу, чтобы мы увидели, что вся наша чудесная жизнь – эта сказка, рассказанная нам Творцом, никогда не будет иметь конца и мы в ней самые настоящие её герои, которым доверена величайшая честь – умножить собою радость и приблизить Всеобщий рассвет, о котором, если говорить подробно, то и всему миру не вместить написанных книг.

Православная библиотека – Orthodox Logos

- *Песня церкви - Праведники наших дней* – Артём Перлик
- *Сказки* – Артём перлик
- *Патристика* – Артём Перлик
- *Патристическая филология* – Артём Перлик
- *Следом за овцами - Отблески внутреннего царства* – Монахиня Патрикия
- *Откровенные рассказы странника духовному своему отцу*
- *Семь слов о жизни во Христе* – праведный Николай (Кавасила)
- *О молитве* – святитель Игнатий (Брянчанинов)
- *Об умной или внутренней молитве* – преподобный Паисий (Величковский)
- *В помощь кающимся* – святитель Игнатий (Брянчанинов)
- *Христианство по учению преподобного Макария Египетского* – преподобный Иустин (Попович), Челийский
- *Священное Предание: Источник Православной веры* – митрополит Каллист (Уэр)
- *Толкование на Евангелие от Матфея* – святой Феофилакт Болгарский, архиепископ Охридский
- *Толкование на Евангелие от Марка* – святой Феофилакт Болгарский, архиепископ Охридский
- *Толкование на Евангелие от Луки* – святой Феофилакт Болгарский, архиепископ Охридский
- *Толкование на Евангелие от Иоанна* – святой Феофилакт Болгарский, архиепископ Охридский
- *Таинство любви* – Павел Евдокимов
- *Мысли о добре и зле* – святитель Николай Сербский (Велимирович)
- *Миссионерские письма* – святитель Николай Сербский (Велимирович)

www.orthodoxlogos.com

www.ingramcontent.com/pod-product-compliance
Lightning Source LLC
Chambersburg PA
CBHW060559080526
44585CB00013B/628